Introduktion: Kraften i att investera

För juridiska ändamål kan Alan John inte garantera framgången för uttrycken och förslagen i innehållet, samt garantera dess riktighet. Dessutom, i den utsträckning det är tillåtet enligt lag, ska Alan John inte hållas ansvarig för eventuella förluster och/eller skador på grund av användningen av informationen i denna bok, e-bok eller någon reproduktion i någon form. Alla bilder är författarens ursprungliga egendom eller upphovsrättsfria enligt bildkällor. Namn på företag och personer återspeglar inte nödvändigtvis verkliga namn eller titlar. Genom att läsa bortom denna sida och genomföra allt som rekommenderas i denna bok, samtycker du härmed till denna ansvarsfriskrivning och godkänner dess villkor.

Copyright © 2024 av Alan W. John

Alla rättigheter förbehållna. Denna bok eller delar av den får inte reproduceras i någon form, lagras i något hämtningssystem eller överföras i någon form på något sätt – elektroniskt, mekaniskt, fotokopiering, inspelning eller på annat sätt – utan föregående skriftligt tillstånd från utgivaren, med undantag för användning av korta citat enligt USA:s upphovsrättslag. För begäran om tillstånd, kontakta outreach@audepublishing.com

Aude Publishing

Den moderna guiden till aktiemarknadsinvesteringar för tonåringar

Hur man säkerställer ett liv i ekonomisk frihet genom kraften i att investera

Introduktion: Kraften i att investera

Just nu, när du läser detta, ger du dig själv en fördel. Att lära sig hur man investerar på aktiemarknaden, liksom att lära sig om de relaterade färdigheterna för penninghantering och finansiell kunskap, är verkligen värdefullt. Kunskapen i den här boken kan förändra din ekonomiska horisont och utsätta dig för många möjligheter som du annars inte skulle ha tillgång till. Allt börjar här. Sätt dig ner, ta ett mellanmål och läs vidare.

Att investera i alla former är ett bra sätt att tjäna pengar och att plantera frön till en ekonomiskt säker framtid. Som tonåring kommer de färdigheter och vanor som du utvecklar att hålla livet ut, och det är viktigt att du utvecklar dessa färdigheter och vanor så snart du kan. Jag skrev den här boken för att som tonåring (japp, jag också) har investeringar alltid varit en källa till passion, för att inte tala om att njuta av de ekonomiska fördelarna. Oavsett din ålder, oavsett hur mycket pengar som finns tillgängliga för dig, kan du investera om du väljer att göra det, och jag hoppas att den här guiden hjälper dig att göra just det och göra det framgångsrikt. Den här boken är avsedd att förbereda dig för att lyckas på aktiemarknaden, med det övergripande uppdraget att säkerställa läsarnas ekonomiska frihet. I de följande sex avsnitten kommer du att lära dig hur du tjänar och sparar pengar (med målet att investera pengarna), hur du öppnar ett faktiskt konto för att börja handla och hur du förstår alla termer, diagram och statistik kring aktier. I slutet kommer du att se några verkliga affärer som exemplifierar de lärdomar och teorier som diskuteras i den här boken, samt lära dig av några av de mest framgångsrika handlarna i historien. De flesta människor utsätts inte för denna information i din ålder, så var försiktig med den. Behandla den med omsorg och förstå dess betydelse. Viktigast av allt, använd den. Det är verkligen kraftfullt och kan förändra ditt liv om du lägger ner tid och arbete.

Utan vidare, låt oss hoppa in i del 1.

Del 1: Fördelar

Vi måste undersöka några av de fördelar som kommer som ett resultat av att investera i tidig ålder för att lägga grunden för att förstå inte bara hur vi gör det, utan varför vi gör det. Om du är tonåring och har föräldrar som är emot att du investerar, eller vice versa, visar du det här avsnittet för motparten. Senare i boken kommer du att lära dig hur du utvecklar de nödvändiga färdigheterna utan risk och utan investering, och det är ett bra alternativ om du är orolig för risken.

Att investera i tidig ålder ger två kategorier av fördelar: den kunskap och erfarenhet som kommer från investeringar och de ekonomiska fördelarna som kan komma från år av vinst och sammansatt ränta. Vi kommer först att undersöka de färdigheter som investeringar kommer att bygga.

I en video av entreprenören och VD:n Sam Ovens med titeln *How Billionaires Think: Decoding the Billionaire Mind*, ifrågasätter han vad som skiljer framgångsrika människor inom alla områden från sina inte lika framgångsrika kamrater genom denna paradoxala situation:[1] Om en affärsidé eller strategi ges till 100 personer utan förkunskaper om informationen ger resultaten en stor spridning.

Varför kan vissa människor ta information och skapa något framgångsrikt, medan andra faller platt på sina ansikten? Framgång, i alla former, beror i slutändan på sinnet. Att utveckla rätt mental

---

[1] Vi definierar framgång som förmågan att uppnå sina mål.

Disciplin, kontroll och färdigheter är avgörande för att forma en ung människas framtid. Investeringar kommer inte bara att utveckla långsiktig lämplighet i investeringar (vilket resulterar i större rikedom under en livstid), utan också bättre känslomässig kontroll, förmåga att hantera pengar och en mognad som följer med ansvar. Att investera i unga år leder till finansiell läskunnighet, vilket i sin tur hjälper till inom alla områden av penninghantering. Att läsa aktiediagram och analysera företag kommer att bli en självklarhet, och om det görs på rätt sätt kommer det att bli lönsamt. Effekterna av exponentiell tillväxt och ränta på ränta kan utnyttjas för att skapa ett massivt boägg och en jämn inkomst under pensionen, samt minska behovet av ett förhållande mellan tid och pengar. Faktum är att pengars förmåga att växa exponentiellt är en av de viktigaste anledningarna till att börja investera unga, om inte den viktigaste. Denna idé, som kallas "sammansatt tillväxt" eller "sammansatt ränta", måste läras ut till

Del 2: Komma igång

yngre generationer eftersom ju yngre en person är, desto större effekt kan sammansättning av investeringar ha.

Enkelt uttryckt skapar pengar, när de investeras, en snöbollseffekt och pengar i smarta investeringar ökar exponentiellt över tid. Tänk på det faktum att en krona som fördubblas varje dag i en månad blir värd $10,737,418,24.[1] Exponentiell tillväxt i verkliga livet bygger på samma grundläggande princip; i mer realistiska termer, tänk på det så här: om du är sexton år och investerar en dollar på aktiemarknaden, kommer den dollarn att vara värd (baserat på den genomsnittliga avkastningen på aktiemarknaden under det senaste decenniet) en häpnadsväckande

---

$88 när den genomsnittliga personen går i pension vid 62 års ålder.[2] Faktum är att en dollar kommer att fördubblas i värde (bli värd 2 dollar på aktiemarknaden) ungefär vart 7:e år. När du ser på det på det sättet är det viktigt att börja investera så snart som möjligt, eftersom varje dollar som investeras som tonåring faktiskt inte är värd en dollar i dess eventuella användning för dig, utan snarare mycket mer. Med det sagt måste du fortfarande vara säker

---

[1] Förutsatt en 30-dagarsmånad.
[2] Baserat på en undersökning från 2018 utförd av Gallup.

med dina pengar och sammansatt ränta fungerar inte om pengar slösas bort. Att investera, i någon form, är aldrig ett snabbt system för att bli rik. Processen kan automatiseras och outsourcas, men det krävs alltid arbete. Nedan finns ett diagram som visar hur mycket pengar du skulle tjäna med en historiskt genomsnittlig tillväxttakt på 10 % (genomsnittet under det senaste århundradet för S&P 500) genom att investera i aktier med 100 dollar (år 0 är 100 dollar).

Årskurs 1	$ 110
Årskurs 2	$ 121
Årskurs 3	$ 133
Årskurs 4	$ 146
Årskurs 5	$ 161
Årskurs 10	$ 261
Årskurs 20	$ 673
Årskurs 30	$1,745
Årskurs 35	$2,810
År 40	$4,526
Årskurs 45	$7,289
År 50	$11,739
År 100	$1,378,061

Del 2: Komma igång

När du börjar kan idéer som sammansatt ränta låta vaga och processen kan låta skrämmande. Med ränta på ränta (liksom investeringar i allmänhet) blir vinsterna exponentiellt större; Därför görs minst vinster under de första åren, så ha tålamod. Utöver det kan ekonomins styrka ha en enorm inverkan på dina resultat. Trots den till synes negativa effekten tvingar dessa faktorer dig att följa en disciplinerad väg till investeringar. Du måste tänka långsiktigt, ett mycket värdefullt verktyg. Du måste lära dig att kontrollera lusten att köpa och sälja baserat på känslor och motstå den känslomässiga dränering som orsakas av aktiernas upp- och nedgångar. Att lära sig att kontrollera rädsla och utvärdera alternativ bygger självkontroll som gäller alla områden i livet, från skolan till en karriär till investeringar.

Trots pratet om arbete kan och bör investeringar vara roligt. Du kan tjäna dina egna pengar. Du kan sitta i ett klassrum, göra ett prov och gå ut rikare än när du gick in. Du har kontroll över din ekonomi och har möjlighet att bygga upp en enorm förmögenhet. Se till att hålla det så roligt som möjligt samtidigt som du tar ett disciplinerat tillvägagångssätt så att du kan hålla livslängden på din portfölj vid liv.

Nu förstår vi några av fördelarna med att investera i tidig ålder. Förhoppningsvis är du taggad och redo att börja. Det är perfekt eftersom vi går vidare till del II: Komma igång.

Del 2: Komma igång

Nu när du förstår fördelarna med att investera från en tidig ålder och (detta krävs) du har stöd av en vårdnadshavare, är det dags att lära dig hur du kommer igång med handel som tonåring. Innan du startar och handlar på riktigt bör flera försiktighetsåtgärder vidtas för att minska risken att förlora pengar och för att ge nödvändig utbildning för att undvika att lära sig den hårda vägen.

Innan du registrerar dig på någon investeringsplattform eller spenderar en krona måste du förstå det #1 viktigaste steget för att komma igång och förbli framgångsrik när du handlar. Det steget är att lära sig. I det här skedet av ditt liv har du tid. Du behöver inte hoppa in just nu. Det är mycket bättre att ta minst ett par veckor eller längre för att lära dig så mycket du kan om investeringar. Kolla in böcker från biblioteket (en resurssektion med rekommenderade böcker kommer att ingå), titta på handledningar och läs nyheter om marknaden. Titta på investeringsprogrammen *Mad Money* och *Squawk on the Street*. Experter som Jim Cramer rekommenderar investerare att spendera en timme per vecka på att undersöka varje aktie som de äger eller vill investera i, så kontinuerligt lärande är en livslång process för även de bästa investerarna. Utöver allt detta, se till att ha en anständig förståelse för avsnittet om aktiemarknadskunskap senare i den här boken. Att lära sig så mycket som möjligt kommer att spara pengar längre fram och är avgörande för att välja bra aktier och tjäna pengar.

Nästa steg som ska omsättas i handling, antingen under din inlärningsperiod eller efteråt, är att öppna en virtuell portfölj. Virtuella portföljer är portföljer som låter dig investera virtuella pengar i riktiga aktier till verkliga marknadsvärden. Hemsidan jag använder heter HTMW. HTMW, som står för How The Market Works, erbjuder förstagångsanvändare antingen 500 000 dollar eller 1 000 000 dollar och tillåter investeringar i tusentals realtidsaktier. HTMW erbjuder också tävlingar där de bästa handlarna kan vinna riktiga pengar genom att ha den bästa avkastningen i sina virtuella portföljer. Du kan besöka dem på htmw.com. Genom att investera virtuella pengar i riktiga aktier kan du lära dig om marknaden och hur du väljer bra aktier utan risk för riktiga pengar. De flesta människor går in i investeringar och tror att de är smartare än andra människor (jag är inget undantag), och att de kommer att tjäna pengar och välja bättre aktier än alla andra. Att hantera en virtuell portfölj kan vara en ögonöppnande upplevelse, liksom att du kan öva på forsknings-

Del 2: Komma igång

och investeringsprocesserna. Tips: Om du öppnar ett virtuellt konto, försök att inte investera alla dina pengar under den första veckan (jag talar av erfarenhet). Var strategisk och vänta på bra möjligheter istället för bra.

Öppna ett konto

När du har lärt dig så mycket du kan och du förstår grunderna för att investera och välja aktier är det dags att öppna ett riktigt investeringskonto så att du kan börja handla på riktigt. Att öppna ett konto är svårare för minderåriga än för vuxna och kräver hjälp av en vårdnadshavare. Konton för minderåriga kallas depåkonton. Dessa konton gör det möjligt för den minderårige att lagligt handla (istället för att bara handla under förälderns namn) och har flera fördelar. Depåkonton beskattas med en lägre skattesats, till och med 0 % på en stor del av de initiala vinsterna, istället för de vanliga vuxenskattesatserna (detta varierar från fall till fall). Vårdnadskonton överför automatiskt äganderätten till den minderåriga när de når en viss ålder, antingen 18 eller 21 år. Många plattformar erbjuder depåkonton och i det här avsnittet kommer för- och nackdelar med de bästa programmen att diskuteras.

E*TRADE - etrade.com

E*TRADE är en av de äldsta onlinemäklarna, med en lång historia som sträcker sig från 1982 till idag. E*TRADE är plattformen som jag började med och för närvarande använder, och erbjuder fonder, aktier och optioner för $0 i provision tillsammans med ett komplett utbud av forsknings- och analysverktyg.
Vårdnadshavare får en egen inloggning.

Charles Schwab - schwab.com

Charles Schwab är ett av de största värdepappersföretagen i världen och erbjuder $0 provisionsaffärer tillsammans med ett brett utbud av forskningsverktyg. De erbjuder depåkonton som använder samma inloggning som ett befintligt vårdnadshavares konto. Som sagt, om din vårdnadshavare använder den här tjänsten och inte vill att du ska vara medveten om deras ekonomiska situation (förutsatt att de också använder Charles Schwab), är den här plattformen inte för dig. Om det inte gäller dig är Charles Schwab ett av de bästa allroundalternativen.

Del 2: Komma igång

Upplag – Stockpile.com

Stockpile är en investeringsplattform designad speciellt för barn och tonåringar. Det erbjuder depåkonton på ett enkelt och ungdomsvänligt gränssnitt där användare kan köpa delaktier i stora företag. Tyvärr erbjuder Stockpile bara 1000 eller så av de största amerikanska företagen istället för hela marknaden, och avgifterna är 99 cent per handel. Stockpile har introduktionslektioner om investeringar och gör det möjligt att skicka "önskelistor" till aktier. Sammantaget är det ett anständigt alternativ för någon som letar efter ett förenklat alternativ. En nästan identisk plattform är Loved at loved.com

TD Ameritrade - tdameritrade.com

TD Ameritrade är en plattform som är designad för användare med erfarenhet och erbjuder tillgång till några av de bästa forskningsverktygen på marknaden. Depåkonton tar $0 i provision och har erbjudit depåkonton med fokus på att spara till college.

Återgivning - fidelity.com

Fidelitys plattform erbjuder ett komplett utbud av forskningsverktyg tillsammans med tillgänglig investeringsanalys från experter på området. Fidelity erbjuder depåkonton med $0 provision, inga avgifter och inget minimisaldo. Sammantaget är Fidelity ett anständigt val för aktiva investerare.

Förtrupp - vanguard.com

Vanguard är en av de största mäklartjänsterna i världen och erbjuder depåkonton med $0 provisioner och inga avgifter. Vanguards fokus och specialitet är fonder och ETF:er, vilket gör plattformen bättre lämpad för långsiktiga investerare och utdelningsinvesterare.

Gör din första investering

Vid det här laget bör du ha bestämt dig för vilken plattform du vill investera med. Med dina föräldrars hjälp kan du starta processen

Del 2: Komma igång

med att öppna ett konto. Du är redo att börja investera riktiga pengar på den verkliga marknaden och för att göra det behöver du själva pengarna. Försök att samla in minst ett par hundra dollar till att börja med, men ännu viktigare är att konsekvent lägga till pengar. Kom ihåg lektionen om sammansatt ränta i avsnittet om förmåner, och kom ihåg att varje dollar du investerar idag kommer att vara värd exponentiellt mer i framtiden. För att hjälpa dig om du letar efter lite extra pengar att investera, låt oss gå igenom 5 av de bästa sätten att tjäna pengar som tonåring, som jag personligen kan gå i god för.

Du kanske frågar dig själv: Varför så mycket prat om att tjäna pengar, och snart spara pengar, när det här är en bok om investeringar? Tja, pengar och aktiemarknadsinvesteringar är sammanflätade. Att säkerställa framgång på aktiemarknaden börjar med att tjäna och förvalta pengar. Dessutom är färdigheter i att tjäna pengar och hantera pengar viktiga för att säkerställa livslång ekonomisk frihet. Utan vidare, låt oss tjäna lite pengar!

Tjäna pengar som tonåring: De 5 bästa företagen

Tjäna pengar #1: Återförsäljning

Ingen affärsguide för tonåringar skulle vara komplett utan att sälja vidare. Som min personliga favorit har jag funnit att återförsäljning är det enklaste sättet att tjäna pengar, till att börja med inga pengar eller väldigt lite pengar. Jag brukade sälja vidare till ett belopp av $ 500 - $ 1000 per månad (såld, inte vinst) i flera år. Utöver pengarna tycker jag att återförsäljning är en trevlig satsning eftersom processen och produkterna är varierande. Låt oss dyka in i vad återförsäljning är, konsten att vända, hur du kan komma igång idag med $0 och ett alternativ för dem som snabbt vill skala sin verksamhet.

Att sälja vidare är i princip att köpa saker och sälja dem för mer än du betalat. Med Internet kan du sälja nästan vad som helst, samt nå hundratals miljoner konsumenter allt från en dator eller mobil enhet.

För att sälja vidare måste du först hitta föremål som senare kan säljas med vinst. Det är bäst att köpa från ditt samhälle eftersom lokala säljare vanligtvis inte är fokuserade på sin vinst; Istället läggs tonvikten på att bli av med det de säljer. (Tänk en upptagen

Del 2: Komma igång

mamma som försöker få plats med vårstädning.) Om du vill köpa lokalt kan du kolla in följande appar:

- Nextdoor – nextdoor.com
- OfferUp – offerup.com
- 5 mil – 5miles.com
- Craigslist - craigslist.com
- Mercari – mercari.com

Tillsammans ger dessa appar en extremt grundlig databas över allt som säljs i ditt samhälle. Om du börjar med $0, var uppmärksam på trottoarkantsvarningar eller för något som ges bort gratis. Nextdoor är enligt min erfarenhet det bästa stället att göra detta på. När du är på apparna, se till att hålla utkik efter garageförsäljning och fastighetsförsäljning samt försäljning av enskilda föremål. Ett annat bra ställe att hitta inventarier är i secondhandbutiker. Goodwill, Frälsningsarmén och lokala secondhandbutiker kan vara bra ställen att köpa underprissatta varor.

Om du inte är säker på vad som kommer att sälja och vad som inte kommer att sälja, gå till eBay. Sök efter ett objekt (eller använd bildsökningsfunktionen), gå sedan till filter och ställ in "Sålda föremål". Detta visar inte vad ett objekt är listat för, utan det pris som folk historiskt sett är villiga att betala för det. Kontrollera sedan datumet för de sålda föremålen. Du vill köpa varor som säljer konsekvent; Sikta på en per dag. Detta kommer att säkerställa att det finns tillräckligt med efterfrågan på marknaden för att möta ditt utbud.

Med alla resurser som nämns ovan borde det inte vara något problem att hitta lager att sälja. Nästa del av återförsäljningsprocessen är att sälja. Det finns två sätt att sälja: offline och online. Att sälja online, till exempel via eBay, är bra för nischade föremål som bara tilltalar en liten grupp människor. Eftersom dessa personer förmodligen inte kommer att finnas nära dig, är webbplatser på nätet ett bra sätt att nå dessa kunder. Men eBay och liknande webbplatser tar cirka 20% minskning (när PayPal avgifter kastas in) av noteringsvärdet. Även om användare under 18 år inte lagligt kan använda eBay (eller PayPal), låter eBay användare under 18 år använda en vuxens konto med kontoinnehavarens tillstånd. Att sälja offline, via apparna som

Del 2: Komma igång

nämns ovan är bättre eftersom det ökar vinsten med 20 % jämfört med att sälja online och sparar tid som annars går åt till att packa och frakta lådor. Att sälja offline är bättre för varor som tilltalar en stor publik och som sannolikt kommer att säljas i ditt samhälle.

Notering på eBay

Här är några snabba tips som hjälper dina eBay-listor att sälja snabbare.

1. **Optimera titel, underrubrik och beskrivning**

    I titeln visar du tydligt namnet på din vara samt en eller två markeringar, till exempel "Helt ny" eller "Originalförpackning". Använd undertexten för att utveckla en höjdpunkt. Använd beskrivningen för att grundligt förklara föremålet och se till att nämna eventuella skador samt eventuella positiva egenskaper. Jag gillar alltid att avsluta beskrivningen med en variant av följande mening: "Hör av dig om du har några frågor eller funderingar. Tack!" Skriv sedan ditt namn. Att göra detta kommer att lägga till personlighet och hjälpa köparen att ansluta till varan de köper, vilket ökar sannolikheten för en försäljning och sannolikheten för att få en positiv recension.

2. Pris

90 % av mina annonser använder Köp nu istället för auktioner. Se till att aldrig använda auktioner om inte föremålet du säljer är mycket efterfrågat och du är säker på att ett budgivningskrig kommer att inträffa. När det gäller pris, se till att du har det lägsta (inom rimliga) priset för nischade artiklar med mindre målgrupper, och för varor med hög efterfrågan som säljer flera enheter per dag ska du ställa in priset så att det ligger runt genomsnittet. Om du har en vara som inte säljer, överväg att marknadsföra den via eBay. Du kommer endast att debiteras om varan köps via kampanjen och priserna är rimliga. Se till att aktivera enkel prissättning, som automatiskt sänker annonspriset med 5 % var 5:e dag tills en vara säljs.

3. Bilder

Om din vara är helt ny eller oanvänd (originalförpackning behövs inte för att göra detta) använd stockfoton från tillverkaren. Om inte, ta egna bilder och se till att prioritera bra ljussättning.

Del 2: Komma igång

Problemet med eBay, liksom det största problemet för återförsäljare, ligger i att skala verksamheten. Att sälja vidare, från att hitta, lista och skicka varor tar tid, och att effektivt växa ett återförsäljningsföretag är hårt arbete. Som en lösning rekommenderar jag att du köper likvidationspartier från liquidation.com. Genom att köpa pallar med returnerade varor (utan att gå in för mycket i likvidationsbranschen) kan du i princip kondensera köp av varor lokalt till att köpa dussintals eller hundratals artiklar online i ett enda köp. Om du är intresserad, se till att göra din egen forskning. Om det görs på rätt sätt är det extremt lönsamt och mycket lättare att skala än alternativen.

Det avslutar återförsäljning för tonåringar. Det är verkligen en fantastisk verksamhet som möjliggjorts först på senare tid av internet, och utan tvekan bör utnyttjas. Nästa steg är allt om tjänsteföretag.

Tjäna pengar #2: Tjänsteföretag

Tjänsteföretag är alla företag som innebär att tillhandahålla en tjänst till någon annan. Som tonåring är tjänsteföretag det enklaste sättet att tjäna pengar snabbt. Vanliga serviceföretag för tonåringar inkluderar tvätt av bilar, barnpassning, promenader med hundar och hus-/husdjurspassning. För att starta ett tjänstebaserat företag behöver du bara några få grundläggande förnödenheter (t.ex. en hink och trasor för att tvätta bilar) och den svårare delen av verksamheten kretsar kring att hitta kunder. För det första, använd ditt grannskap eller din lägenhet som en resurs. Människor som känner dig är mycket mer benägna att köpa av dig. Vissa företag, som att tvätta bilar, innebär helt enkelt att gå från dörr till dörr. Andra kräver mer förtroende mellan leverantören och kunden, till exempel ett barnpassningsföretag eller ett hundpromenadföretag. (Barnvaktstips: Gå Röda Korsets barnvaktskurs och bli certifierad; föräldrar älskar det.) För dessa företag, sprid ordet, börja med några familjemedlemmar, vänner eller grannar och gör dem riktigt, riktigt nöjda kunder. Så länge du ger bra service kommer mun till mun sannolikt att ta hand om att utöka din kundbas.

Om du funderar på att starta något av de nämnda tjänsteföretagen, kom ihåg detta: relationen kommer först. Att hålla dina kunder nöjda och göra kvalitetsarbete kommer att göra det möjligt för ditt företag att växa, samt bygga färdigheter och en arbetsmoral som varar livet ut. Som ett sista tips, kom ihåg att tjänstebaserade företag är centrerade kring dig. Se till att klä dig presentabelt, kom i tid och var respektfull. Om du gör alla dessa saker kommer du att vara på god väg att tjäna stora pengar.

Tjäna pengar #3: Deltidsjobb

Eftersom detta till stor del är självförklarande och utesluter yngre tonåringar, kommer jag bara att täcka det kortfattat. Att få ett deltidsjobb är ett utmärkt tillfälle att skapa en konsekvent och pålitlig inkomstkälla samt att få en smak av en typisk vuxen arbetsdag. Om du får ett jobb, försök att göra något du tycker om, eftersom jobb för tonåringar (med undantag) vanligtvis är på den monotona sidan.

Tjäna pengar #4: Frilans

Om du har en unik talang eller färdighet är frilansande troligen något för dig. På grund av nyligen introducerade tjänster som Fiverr och Upwork (fiverr.com och upwork.com) kan du använda dina färdigheter för att tjäna stora pengar. Oavsett vad din skicklighet är, börja billigt och höj dina priser i takt med att ditt rykte och antalet recensioner växer. Kom ihåg att frilansande, precis som tjänsteföretag, har mycket att göra med dig, så se till att svara i tid och sätt kunden först. Om du gör detta och bygger upp en ansedd onlinepersona kan frilansande vara ett bra och roligt sätt att tjäna pengar.

Tjäna pengar #5: Onlineföretag

Ända sedan Internet dök upp (mer så de senaste åren) har affärsmöjligheter som inte kräver något annat än en enhet och en internetanslutning blivit allt vanligare. Som en tonåring som sannolikt har vuxit upp med modern teknik och naturligt blivit skicklig, är det perfekt att starta ett onlineföretag. Vi kommer att täcka 4 av de bästa enbart online (inte delvis online, som återförsäljning på eBay) företag, som jag personligen har haft erfarenhet av. Tänk på att följande bara är en introduktion till dessa företag, så mer forskning skulle krävas om du är intresserad av att komma igång. Alla följande företag kräver bokstavligen $0 för att starta, vilket gör dem idealiska för en tonåring som börjar med lite kapital.

Online-företag 1: Kindle Direct Publishing (KDP)

Det skulle inte vara rätt att inte börja med online-företagslistan med KDP eftersom den här boken skapades genom KDP. Kindle Direct Publishing by Amazon gör det möjligt för vem som helst, var som helst i världen att registrera sig gratis och ladda upp dokument som sedan listas till försäljning på Amazon och Kindle. När någon köper boken skriver Amazon ut och skickar den åt dig, och sedan går en del av listpriset direkt till ditt bankkonto. Denna affärsmodell, som kallas print-on-demand, kräver inga omkostnader och inga investeringar, vilket gör den perfekt för någon som vill tjäna pengar på ingenting eller på en liten investering. Det var det som gjorde det möjligt för den här boken att nå sexsiffrig försäljning på mindre än ett år helt genom mun-till-mun-metoden.

Enkelt sagt, strategin jag använder är att ta ett ämne som jag känner till väl (du behöver inte vara en fantastisk författare för att göra detta, även om det är att föredra), och sedan skriva en kort men extremt beskrivande och grundlig fackbok om ämnet. Till att börja med är det bara att öppna ett Google- eller Word-dokument och börja skriva om allt som du är extremt kunnig om. Om du inte känner att du vet tillräckligt om ett ämne för att skriva om det, välj något du brinner för och gör massor av research. När du har skrivit din bok (tips: ett bra bokutseende har Garamond-teckensnitt, storlek 11 teckensnitt och 1,15 tums avstånd), registrera dig för KDP på kdp.com (du kan registrera dig med ett Amazon-konto) och ladda upp det. Använd sedan professionell programvara, photopea.com (som ett gratis alternativ) eller Amazons kostnadsfria programvara Cover Creator (som används när du publicerar en bok på kdp.com) för att designa ett omslag. Efteråt är det bara att sätta ett pris och släppa ditt arbete till världen. Naturligtvis kommer din bok sannolikt inte att magiskt explodera, men om du marknadsför din bok och/eller annonserar den kommer du att börja rankas på Amazon och få mer försäljning. Som ett alternativ till att skriva en bok kan du betala professionella skribenter på Fiverr eller Upwork för att skriva en bok åt dig. Vet bara att spökskrivarmetoden skulle kräva en mycket större investering. Sammantaget är KDP en enorm, för att inte tala om omättad, möjlighet som bör utnyttjas om du har något intresse av att skriva.

Online-företag 2: Merch av Amazon (MBA)

Merch By Amazon är en omättad onlineverksamhet som främst tilltalar artister, såväl som kreativa människor i allmänhet. Merch By Amazon använder samma koncept som KDP, fast med överkroppskläder. I princip kan vem som helst ladda upp design, digitalt få sina mönster på kläder och sedan lista de kläderna på Amazon. När någon köper kläderna sköter Amazon tryckningen och frakten, och du får en del av pengarna levererade direkt till ditt bankkonto. Allt du behöver är bra design som folk kommer att köpa. Om du inte är en konstnär (förresten, om du gillar att göra memes är det här något för dig) ta bara den kunskap du har fått genom att göra det du brinner för, ta reda på vad som är populärt i det utrymmet och ta sedan reda på hur du kan tillämpa dessa trender på design. Programvara som Photoshop är optimal för design, men gratisalternativ som photopea.com finns tillgängliga (investeringen på $30 per månad för Photoshop kommer sannolikt att betala sig själv inom ett par månader.) Till skillnad från KDP kräver Merch By Amazon en ansökan för att komma in, och mindre än 10 % (sannolikt mycket mindre än så) av de sökande accepteras. Amazon begränsar antalet nya kreatörer för att inte översvämma marknaden och även om du blir accepterad kommer du sannolikt att behöva vänta 6 månader i den digitala "kön". Med det sagt är det möjligt att komma in och om det är något du är intresserad av, se till att ge det en chans på merch.amazon.com.

Online-företag 3: Affiliate-marknadsföring

Affiliate-marknadsföring är i grunden en verksamhet där företag betalar dig för att sälja sina produkter. När du framgångsrikt säljer deras produkter till en kund tjänar du en provision på vad kunden betalar. Låt oss till exempel säga att företag X säljer en viktminskningskurs för 99 dollar. Du kan skriva om kursen och din moster kan registrera sig med din länk. När hon betalar $99 till företag X, betalar företag X dig sedan $30. Det fina med detta system är att företag X är glada för att de har fått en ny kund, du är glad för att du har fått betalt och din moster är glad (förhoppningsvis) för att hon har köpt en produkt eller tjänst som hon älskar. Även om affiliate-marknadsföring kan skalas genom annonsering, är det bäst att hålla det enkelt för någon som precis har börjat. Registrera dig först för Clickbank på clickbank.com. Clickbank kommer att tillhandahålla en databas över alla affiliate-erbjudanden som företag för närvarande erbjuder. Välj sedan en produkt eller tjänst som du tror på och sprid ordet i hela ditt samhälle och på sociala medier. Om folk använder din länk för att registrera sig får du betalt. Det bästa av allt är att vissa erbjudanden är för prenumerationer, vilket innebär att du får betalt varje månad så länge kunden prenumererar.

Det är bara ett intro, men möjligheterna med affiliate-marknadsföring går långt utöver de beskrivna marknadsföringsteknikerna på gräsrotsnivå. Om det är något du tycker om, gör din research eftersom det finns mycket att lära. Detta avslutar online-verksamhet 3 och tar oss till den sista online-verksamheten, som framför allt är sist eftersom den är den svåraste på den här listan att ge värde på kort sikt, även om de långsiktiga fördelarna är enorma.

Online-företag 4: Sociala medier

Sociala medier är verkligen inte det snabbaste sättet att tjäna pengar och är inte en bra idé om du vill tjäna pengar för att investera inom ett par månader.

Det förtjänar den sista platsen på den här listan eftersom jag har tyckt att det är det roligaste av alla andra företag på den här listan och det långsiktiga ekonomiska värdet kan vara enormt. Det finns så många sätt att tjäna pengar med sociala medier, så för att spara tid kommer jag bara att täcka de 3 bästa sätten jag tjänar pengar på med sociala medier.

De två första sätten att tjäna pengar med sociala medier involverar Instagram. Jag började med Instagram 2018, och från och med 2021 har jag vuxit ett personligt varumärke till att ha mer än 60 000 följare, ett totalt nätverk på 100 000+ följare och vid vissa tillfällen hanterade konton med totalt mer än 500 000 följare, samtidigt som jag säljer produkter, konton och tjänster. Jag berättar detta för att peka på potentialen i sociala medier som ett företag och som ett verktyg för att nå en publik, särskilt för dem som har vuxit upp med och blivit skickliga på sociala medier. För att tjäna pengar med Instagram måste du först ha en stor och dedikerad publik. Här är några snabba tips som hjälper dig att få ett konto att växa:

Växer på Instagram

1. Myter

Först måste vi knäcka den största myten om Instagram-tillväxt, och det är följande: Det är enkelt. Idag, på en övermättad marknad fylld med människor som är smartare, snyggare, hårdare arbetande och mer begåvade än du, är det så mycket svårare än folk tror att få ett konto att växa. Du kanske ser ett konto med hundratusen följare och tror att de bara hade tur, eller lade upp en video som blev viral, och de kom plötsligt dit de är. Men bakom kulisserna arbetade skaparen av det kontot troligen i timmar, dag efter dag, månad efter månad, för att hitta det bästa innehållet och optimera det. Enligt min mening är resultaten värda det, men om du inte tycker om det, gör det bara inte. Senare kommer vi att gå igenom en strategi för att tjäna pengar på Instagram som inte kräver att du odlar ett konto och tar mycket mindre tid. Om du är med, fortsätt läsa.

2. Skapa och optimera ett konto

Först måste du skapa ett konto. Det finns två olika typer av konton som du kan skapa: en personlig sida eller en temasida. En personlig sida är ett konto som handlar om dig, och en temasida är fokuserad på ett visst ämne. Till exempel har jag en personlig fitnesssida, för

Del 2: Komma igång

närvarande på 18k följare, och en temasida om fitness, för närvarande på drygt 22k följare. Temasidor är lättare att växa eftersom sidans tema redan har en dedikerad publik, medan en personlig sida är svår att växa om du inte har en speciell talang eller om du tillhandahåller något som skulle få folk att vilja följa dig, till exempel att tillhandahålla utbildningsvideor om ett ämne du specialiserar dig på.

När du har valt vilken typ av konto du vill starta måste du optimera det. Det betyder att du måste göra allt du kan för att göra kontot redo att växa innan du publicerar. Börja först med namnet på kontot. För en personlig sida, använd någon variant av ditt namn eller om sidan är fokuserad på något du gör, skriv det i titeln (till exempel: En fitnesssida för John Doe kan vara @johndoefitness eller @jdlifting). Som temasida, se till att din titel förmedlar exakt den typ av innehåll du kommer att tillhandahålla. Ett företagsrelaterat konto kan till exempel namnge sig @topbusinesstips och @petrabbits kan fungera för ett (du gissade rätt) konto om kaniner. När du har namngett ditt konto kan du gå vidare till beskrivningen, allmänt känd som biografin. Alla mina konton använder en strategi som innehåller emojis och linjer för att tydligt förmedla viktiga punkter om kontot. Så här kan en biografi se ut för @petrabbits. För en temasida kan namninmatningen användas för något annat än skaparens namn, i det här fallet "Tips för kaninägare". En personlig sida ska självklart sätta sitt namn i namnsektionen.

> Tips till kaninägare
> 😋| Endast den bästa informationen ☺
> 🔥 | Ett hem för kaninägare
> Följ för dagligt kanininnehåll!!

Du kan använda det här formatet för att optimera din bio och tydligt förmedla syftet med ditt konto. Se sedan till att ändra kontot till ett företags- eller kreatörskonto (inställningar < konto < professionellt konto) så att du kan se kontostatistik, vilket i sin tur hjälper dig att optimera ditt konto ytterligare. När detta är gjort lägger du till en profilbild. Se till att bilden är visuellt tilltalande, inte för förvirrande och är relevant för syftet med din sida. Slutligen, följ några av de bästa influencers eller temakonton i din nisch och ställ in kontot på offentligt. Nu när du har slutfört alla dessa steg är ditt konto optimerat och redo att användas.

3. Optimera din inläggsstrategi

Därefter måste du bestämma vilken typ av innehåll du ska lägga upp och hur ofta du ska lägga upp det. En personlig sida kommer att använda innehåll om sig själv; En temasida kan antingen designa sitt eget innehåll eller använda andras innehåll och ge kredit. Bestäm vad som är bäst för dig baserat på de verktyg du har tillgång till och den tid du är villig att investera i att skapa dina inlägg. För varje inlägg behöver du en genomtänkt beskrivning. En beskrivning bör ha en krok högst upp (något som fångar läsarens uppmärksamhet och håller dem engagerade), och minst 50 % av inläggen bör ha en lång bildtext under kroken som berättar en historia eller förklarar ett ämne. Beskrivningen behöver inte alltid vara exakt relaterad till inlägget. (En fitnessinfluencer kan till exempel lägga upp en bild på dem när de tränar och sedan skriva om sin favoritproteinshake i beskrivningen.) Slutligen, använd ett iögonfallande format för att be följaren att engagera sig och lägg till hashtags längst ner.

Så här kan en inläggsbeskrivning se ut för @petrabbits:

Denna studie bevisar varför dina kaniner behöver en hälsosam kost :) Kommentera om du tycker det ☺
.
.
.

✓ Se till att följa oss för mer dagligt kanininnehåll
✓ Om du har några frågor låt oss veta
.

#petrabbit #petrabbits #rabbit #rabbitowner #rabbitowners #rabbittips #rabbittip

#rabbitfood #howtoraisearabbit #howtoraiserabbits

Se till att variera populariteten för hashtags du använder (använd 20 – 25 per inlägg, 5 bör ha 1 miljon+ inlägg, 10 bör vara under 500k och 10 bör vara under 100k) samt variera uppsättningen hashtags som används, som i, använd inte samma 25 hashtags på alla dina inlägg. Nu när dina inlägg är optimerade måste du veta hur ofta du kommer att publicera och när. För att svara på när, kolla helt enkelt in dina insikter (insikter kommer bara att vara korrekta när ett konto har postat konsekvent i minst ett par veckor) eller googla "bästa tiderna att lägga upp på Instagram."

För att ta reda på hur ofta du ska posta, förstå detta: För att växa på Instagram idag måste du lägga upp en baslinje på 1 inlägg per dag och minst 3 eller 4 berättelser per dag för ett personligt konto och 2 inlägg per dag tillsammans med 6 - 7 berättelser per dag för ett temakonto. Om du inte är en kändis eller har någon annan källa för att locka följare, är det den hårda verkligheten. Att växa på sociala medier kräver mycket tid och arbete (kom ihåg att resultaten är exponentiella och vanligtvis långsamma under de första månaderna), så som jag har sagt tidigare, gör det bara om du älskar det.

Del 2: Komma igång

4. Tillväxtstrategier

Sist ut är tillväxtstrategier. Om du vill växa snabbt kan du göra så många shoutouts som möjligt (sfs är ett vanligt sätt att be om en shoutout och betyder "Shoutout For Shoutout") med relevanta konton. Kommentera andras inlägg i din nisch och engagera slutligen användare flera gånger om dagen genom berättelser, särskilt frågor och omröstningar. Att konsekvent utföra dessa steg kommer att öka din tillväxt avsevärt. Som ett sista tips, köp aldrig följare eller shout-outs som lovar följare. (Om du är intresserad av marknadsföringstekniker på gräsrotsnivå, se till att googla Gary Vanyerchucks marknadsföringsstrategi på 1,80 dollar.)

Det är allt för att växa på Instagram. Nästa steg är hur du tjänar pengar på ditt konto och dina följare. För det första, sälj shoutouts. Detta kan bara göras om du har en betydande följarskara, men när du väl har en följare är det en enkel inkomstkälla. I din biografi lägger du till en rad som säger "DM me for shoutouts" om du vill fortsätta med den här strategin.

Eftersom Instagram ansluter dig till en stor publik är ett annat bra sätt att tjäna pengar på ett konto att sälja till din publik. Affiliate-marknadsföring och Clickbank är två enkla sätt att generera intäkter utan att utveckla din egen produkt. Om du har en egen produkt eller produkter att sälja, gör det. Kom bara ihåg att inte vara för "säljande". Som regel nämner du din produkt i 1 av 10 inlägg. Glöm inte att lägga till en länk i webbplatsavsnittet i din bio som leder användarna till dina produkter.

Det är de två bästa sätten att tjäna pengar med ett stort konto, men att växa ett konto är svårt och det finns en mycket enklare metod för att tjäna pengar på Instagram, en som inte kräver att du växer ett konto. Den metoden är genom att sälja vidare eller "vända" Instagram-konton. Kom ihåg att allt kan säljas vidare, och Instagram-konton är inget undantag. Med hjälp av virtuella marknadsplatser kan du köpa Instagram-konton billigt och sälja dem för mer. Här är de 3 bästa sajterna att köpa och sälja Instagram-konton på:

- Socialtradia.com
- Fameswap.com

Del 2: Komma igång

Insta-sale.com

Innan du köper ett konto, se till att följarna inte är falska (kolla in app.hypeauditor.com och influencermarketinghub.com för att utföra kvalitetskontroller) och se till att kontot har högt engagemang. Slutligen, köp alltid via escrow-tjänsterna på en av de webbplatser som nämns ovan och aldrig via PayPal, Cash App eller en banköverföring.

Det täcker de 2 bästa sätten att tjäna pengar på Instagram (för att sammanfatta: genom att växa konton och vända konton) och låt oss nu gå vidare till det tredje bästa sättet att tjäna pengar på sociala medier: YouTube.

YouTube (på engelska)

Sedan jag började publicera på YouTube 2018 har jag samlat på mig 2500 prenumeranter och mer än 400 000 visningar, tillsammans med en genomsnittlig utbetalning på $7.48 per 1000 intäktsgenererande visningar. Även om jag kanske inte har den största publiken, har jag kunnat tjäna en betydande summa pengar genom annonser, merch och en e-bok som är relaterad till kanalen. Att starta och utveckla en YouTube-kanal är en enorm uppgift, och jag lämnar dig bara med ett par tips. Se först till att du lägger upp videor om något du älskar. YouTube kräver arbete och att du tycker om det du gör och att tycka att det är meningsfullt är det enda sättet att förhindra utbrändhet och hålla kanalens livslängd vid liv.

För det andra, förstå att allt inte behöver vara perfekt när du börjar. Att fotografera med din telefon, i ditt rum och utan att vara en snygg pratkvarn är helt okej. Rolig fakta: Jag har en video som för närvarande har mer än 160 000 visningar där min bror, som då var 8 år, vandrade runt i kameran och lekte med slem. Jag märkte det aldrig under inspelningen eller i efterproduktionen och som ett resultat har 160 000 människor sett mitt största misstag som innehållsskapare.

Upprätta sedan en konsekvent inläggsrutin. Försök att lägga upp minst samma dag (per vecka) och ännu bättre vid samma tidpunkt, så att din publik börjar förvänta sig dina videor och vara redo att titta på dem. Slutligen, när du väl har en etablerad publik, använd resurser som Merch By Amazon (merchbyamazon.com) och KDP (kdp.com) för att tjäna pengar genom din publik. Det är bara en introduktion till att växa och tjäna pengar på YouTube. Ämnet är enormt och om det är något du är intresserad av måste du göra din egen forskning.

Det slutar med att tjäna pengar med sociala medier, såväl som de 5 bästa företagen som tonåringar kan starta. Om du vill ha specifika tips på någon av de nämnda verksamheterna, maila mig på tradingforteens@gmail.com.

Nu när du är på väg att tjäna pengar bör du lära dig hur du effektivt hanterar och sparar dina pengar så att du har mer att investera.

Spara pengar som tonåring: De 3 bästa tipsen

Ur syn, ur minne

Den första och kanske den mest effektiva regeln för att spara pengar är tanken att om pengar hålls utom synhåll kommer de att synas mindre och därför användas mindre. Det är lätt att köpa den chokladkakan eller den nya tröjan medan du bär en plånbok fylld med pengar, och i en alltmer digital värld ger tjänster som Apple Pay och PayPal människor enkel tillgång till sina pengar från sina enheter. Även om detta kan vara användbart, gör tekniken det enkelt att impulsköpa istället för att fatta genomtänkta beslut som i slutändan återspeglar dina bästa långsiktiga intressen. För att motverka impulsutgifter, använd regeln Out of Sight, Out of Mind. Målet är att göra dina pengar mindre tillgängliga så att du kan spara och investera mer. Till att börja med, lägg kontanter någonstans som kräver ansträngning för att komma till. Ännu bättre, ge det till en vårdnadshavare och be dem sedan att kräva att du eftertänksamt förklarar varför du vill ha dina pengar. Samma regler gäller för kredit- och betalkort. Om du för närvarande har normala utgiftsvanor kommer du att se en nästan omedelbar förbättring av hur mycket pengar du kan spara. Om du vill veta mer om hur små inköp påverkar din ekonomi kan du kolla in böckerna *The Automatic Millionaire* och *The Millionaire Next Door*. Kontanter blir dock mindre och mindre vanliga. Om du har en telefon måste du låsa den också. Koppla bort Apple Pay och Samsung Pay för att förhindra enkla utgifter från din telefon och flytta pengar bort från PayPal för att förhindra enkla impulsköp online. Till dem som har ett jobb eller en konsekvent lönecheck som kommer in, skicka automatiskt 50% (eller så mycket du vill) av din inkomst till ditt aktiehandelskonto. På så sätt har du redan sparat en betydande del av din inkomst när du får dina pengar. Alla dessa tips är bra, men i slutet av dagen kommer du troligen att behöva spendera lite pengar, till exempel när du umgås med vänner eller familj. Målet med Out of Sight, Out of Mind är inte att helt hindra dig från att spendera pengar; Det är för att hjälpa dig att spendera pengar bara på det som verkligen gör dig lycklig och eliminera köp som du senare skulle ångra.

Del 2: Komma igång

Börja i slutet

Ett bra andra steg för att hjälpa dig att spara pengar är så att säga att börja i slutet. Enkelt uttryckt, sätt upp mål. Att spara pengar kan vara svårt eftersom det bekämpar den naturliga önskan om kortsiktig tillfredsställelse. I grund och botten finns inte motivationen där. Att ha inkrementella mål och uppnå dem kommer att frigöra dopamin, precis som den kortsiktiga tillfredsställelse som pengar kan köpa. Att ha ett stort mål, till exempel att spara 1000 dollar, och inkrementella mål, som att spara 50 dollar i veckan, är därför ett effektivt sätt att göra det roligt att spara pengar och anpassa det till hjärnans naturliga instinkter. För att använda denna strategi på bästa sätt bör du sätta upp mål som kan nås varje vecka samt ett övergripande slutmål. Slutmålet bör ta minst flera månader att slutföra, annars skulle det inte kännas "värt det". För att sätta upp mål finns en bra metod i Peter Druckers SMART-målsystem. SMART står för:

```
Fram
tide
n
för
```

```
tids
bund
et
```

Till exempel kan någon som vill spara pengar använda detta som sitt SMART-mål: Jag vill spara $500 under de kommande 3 månaderna för att investera i aktier. Jag kommer att göra detta genom att vara barnvakt åt mina grannar och spara veckopengen som mina föräldrar ger mig. Jag kommer att bryta ner mitt mål genom att spara $50 per vecka. Här är lite utrymme för att skriva ditt eget SMART-mål som hjälper dig att spara pengar att investera:

För att lära dig mer om den (jag kanske partiska, men mycket intressanta) världen av viljestyrka, motivation och tillfredsställelse, se till att kolla in följande böcker: *The Willpower Instinct* av Kelly McGonigal och *HighPerformance Habits: How Extraordinary People Become That Way* av Brendon Burchard.

Handla smart

En tredje regel som hjälper dig att spara pengar handlar om att handla smart. Det här avsnittet handlar inte om att eliminera dina

Del 2: Komma igång

shoppingvanor; Det handlar om att hjälpa dig att spara pengar när du handlar genom att bara köpa varor du verkligen vill ha.

För det första, sov på saken. Som nämnts ovan kan impulsköp vara ett stort slöseri med pengar. Om du funderar på att köpa en vara av betydande värde, köp den inte omedelbart. Ta en natt och tänk på det. Om du vaknar upp och föremålet är något du verkligen tror att du kommer att älska och som kommer att tillföra värde och lycka till ditt liv, fortsätt och köp det. Men du kommer ofta att vakna upp och vara riktigt, riktigt glad att du inte köpte den. Detta är en bra regel för alla att implementera och du kommer snart att upptäcka att pengarna hopar sig.

För det andra, köp inte nytt. (Det finns uppenbara undantag från denna regel; Det är upp till dig att avgöra.) Att använda resurser som eBay, secondhandbutiker, second hand-butiker och apparna Nextdoor, Letgo, OfferUp, 5miles, Craigslist och VarageSale resulterar ofta i produkter av hög kvalitet för en enorm rabatt på detaljhandelspriserna. Ta det här exemplet: En av böckerna som nämns i resursavsnittet, *Rich Dad Poor Dad For Teens* av Robert Kiyosaki säljs för $13.99 på audible och $9.99 på Targets webbplats. Samma bok säljs (i gott skick) för 4,19 dollar på thriftbooks.com och andra webbplatser för återförsäljning av böcker. Samma regel gäller för kläder, teknik och andra produkter. AirPods, som säljs för nästan 150 dollar, går för under 100 dollar på sajter som Letgo och OfferUp. (Kul fakta: Jag köpte ett AirPodfodral med endast 1 AirPod för att spara pengar. Det kostade bara 40 dollar.) Erbjudanden finns överallt om du tar dig tid att leta efter dem.

Som ett tredje tips för att handla smart bör du vara medveten om tidpunkten. Rätt timing kan leda till betydande erbjudanden och rabatter. Ta Black Friday som exempel. Black Friday är allmänt känd som dagen för att få årets bästa erbjudanden. (Om du är i Kina, byt ut Black Friday mot Singles Day.) Att köpa den nya datorn du har sparat ihop till på Black Friday i jämförelse med priserna sex månader senare skulle spara dig enorma summor pengar. Även om Black Friday bara är en dag om året, erbjuder företag erbjudanden och rabatter året runt och att veta när du ska köpa kan hjälpa dig att spara stort.

Om du kombinerar de tre tipsen ovan blir du den smartaste shopparen i kvarteret, såväl som den rikaste. Använd dem klokt och se till att dela dem med vänner och familj som (ahem) kan förbättra sina utgiftsvanor.

Del 2: Komma igång

När du har tjänat pengar, sparat pengar och du är klar med att lära dig så mycket du kan, är det dags att komma till den svåra delen: att välja aktier och tjäna pengar. Detta avslutar del II och det är dags att gå vidare till del III: Aktiemarknadskunskap

Del III: Kunskap om aktiemarknaden

Innan du lär dig strategier och metoder för att tjäna pengar på aktiemarknaden måste du först förstå några av de grundläggande termerna och orden som används för att beskriva aktier och utvärdera dem. Första gången du ser P/E-talet eller vinstsamtalet för ett företag kommer du sannolikt att bli överväldigad, men följande information kommer att få dig på rätt fot. Du behöver inte memorera varje ord, försök bara att förstå de grundläggande komponenterna och utöver det, använd detta innehåll som en referensguide som du kan vända dig till om ett ord eller koncept inte förstås senare i din investeringsresa.

I det här avsnittet får du lära dig mer om följande:

1. **Grundläggande villkor**
2. **Typer av aktier**
3. **Typer av investeringar**
4. **Hur man förstår grunderna**
5. **Hur man förstår intäkter**

Grundläggande villkor

Till att börja med måste du lära dig några ord och termer som är kärnan i investeringar. Endast de viktigare orden har inkluderats, eftersom alla termer där ute skulle kunna fylla en bok i sig själva.

Lager
En aktie är en mycket liten del av ett företag som säljs på en offentlig eller privat marknad. När värdet på ett företag ökar kan värdet på dess aktie också öka.

Aktiemarknad
Aktiemarknaden består av offentliga börser som gör det möjligt att köpa och sälja aktier. Vanligtvis har stora länder sina egna aktiemarknader.

Börs

En börs är relaterad till aktiemarknaden, men medan aktiemarknaden är ett paraplybegrepp är en börs där aktierna faktiskt köps och säljs. Till exempel är NYSE en amerikansk börs som tillåter amerikanska företag (tillsammans med vissa internationella företag) att handla offentligt.

Wall Street

Wall Street är den gata i New York där de amerikanska börserna ligger. Termen Wall Street används dock ofta för att beskriva de människor som arbetar på Wall Street samt marknaden och marknadens rörelser.

Aktiesymbol

En aktiesymbol består vanligtvis av två till fem bokstäver som representerar ett företags aktie. Till exempel är Apples aktiesymbol AAPL och Amazons är AMZN.

Sektor

Aktiemarknadssektorer representerar olika grenar av ekonomin som en akties företag är verksamt inom. Apple är till exempel ett teknikföretag, så deras sektor är teknik. Det finns 11 sektorer på marknaden, som alla kommer att förklaras senare i boken.

Portfölj

En portfölj är en samling av många investeringar som innehas av en person eller organisation. Om du till exempel äger aktier i tre olika företag utgör ditt innehav i dessa företag din portfölj.

Utdelning

En utdelning är en summa pengar som ett företag regelbundet kommer att ge till aktieägare som äger sina aktier. Utdelningar betalas vanligtvis ut kvartalsvis (4 gånger per år). Till exempel kan företaget Johnson & Johnson betala ut cirka 2 % av aktiekursen, även känd som direktavkastningen. Om du äger 100 aktier för 200 USD (200 USD x 100 x 2 %) får du 400 USD per år i utdelning. Utdelningar kan komma att ändras och förblir inte nödvändigtvis desamma under en lång tidsperiod. Som helhet ligger direktavkastningen i genomsnitt mellan 1 % och 3 % och företag med utdelningar tenderar att vara säkrare och konsekventa i sin tillväxt. En bra utdelningsstrategi är att automatiskt återinvestera utdelningspengar, vilket resulterar i en position som ökar dess innehav över tid.

IPO

Börsintroduktionen, eller börsintroduktionen, är lanseringen av en aktie på marknaden. Till exempel öppnade företaget Lyft (LYFT) på $72 per aktie vid börsintroduktionen. Börsintroduktioner sker endast en gång per företag när de först noteras på en börs.

Marknadsvärde

Ett företags marknadsvärde hittas genom att multiplicera aktiekursen med antalet aktier. Det fungerar i princip som en bestämning av värdet på ett företags aktier. Till exempel skulle ett företag med en aktiekurs på 100 USD och 1 000 000 aktier tillgängliga för försäljning ha ett marknadsvärde på 100 000 000 USD. Som regel (men med anmärkningsvärda undantag, ta Tesla), ju större ett företag är, desto säkrare är det.

Flyktighet

Volatilitet är sannolikheten för hur mycket en aktie kan stiga eller falla. Till exempel är en aktie som går upp 8 % en dag, ner 10 % dagen efter och upp 5 % nästa dag mer volatil än en aktie som går upp 1 % varje dag. Volatila aktier är vanligtvis de mest riskfyllda, även om de ofta har den största uppåtriktade potentialen.

För att "utföra" en order

När du väl har lagt en order för att köpa eller sälja en aktie kallas processen för att ordern slutförs ibland för att vara "utförd" eller för att "gå igenom". Som en sidoanteckning kallas det pris du ursprungligen köpte en aktie för ibland "köppunkt" eller "ingångspunkt". (Till exempel, "Jag gick in i AMZN för $900.")

Begränsa order

En limitorder är ett sätt på vilket en aktie kan köpas. En limitorder gör det möjligt för en köpare att sätta ett pris till vilket de vill köpa en aktie som ligger under det aktuella marknadspriset. Din order kommer endast att utföras när aktien når det målpriset eller faller under det målpriset. Till exempel kan en limitorder vara att köpa 10 aktier i Abbott Laboratories (ABT) för $80 medan ABT handlas för $85. Handeln kommer endast att utföras om du kan köpa dessa 10 aktier för exakt $80 eller till något antal under $80. En smart strategi när du köper in dig i en aktie är att sätta en limitorder något under det aktuella priset. Till exempel, om ABT handlas till $80, kan du lägga en limitorder på $76. Detta skulle stå i motsats till att lägga en order till det nuvarande priset på 80 dollar, få aktien att falla till 76 dollar och nästan omedelbart förlora 5%. Limitorder är den typiska ordertypen.

Marknad Order

En marknadsorder är en annan typ av order som du kan lägga för att köpa en aktie. En marknadsorder kommer att köpa aktien till marknadsvärdet, eller det aktuella priset på aktien. Till exempel, om Abbott Laboratories handlas för $83,45 och en marknadsorder läggs, kommer den handeln omedelbart att utföras till $83,45. Marknadsorder är mer riskfyllda än limitorder eftersom du har mindre kontroll över inköpspunkten, men de är användbara om du vill ange en aktie omedelbart.

Björnmarknad

En björnmarknad är en marknad som inte går bra och som går ner. Att höra investerare säga: "Åh, björnarna är tillbaka" eller något liknande hänvisar till de människor som säljer. Det representerar i allmänhet en negativ syn på marknaden och kallas ibland för att vara baisseartad.

Hausse

Tjurar och en tjurmarknad representerar baksidan av en björnmarknad. Hausseartade investerare tror att marknaden kommer att gå upp och köper. En tjurmarknad är en marknad som går bra och de flesta aktier på en tjurmarknad rör sig uppåt.

Verksamhetsberättelse

En gång per år måste ett företag leverera en årsredovisning som visar den viktigaste statistiken för deras verksamhet, såsom försäljning och skulder. Årsredovisningar är bra indikationer på hur ett företag presterar. Ett företags årsredovisning kommer att stämma överens med en av deras kvartalsrapporter och kan ha en enorm inverkan på aktiekursen.

Fjärdedel

Marknaden, liksom alla bolag, följer en finansiell kalender som omfattar 4 kvartal. Ett företag måste rapportera resultat, vilket i princip är en beskrivning av hur bra företaget presterade under föregående kvartal. Ett företag med ett årsslut den 31 december kommer att ha följande kvartalsschema: januari, februari och mars (Q1); April, maj och juni (Q2); Juli, augusti och september (Q3); och oktober, november och december (Q4). Kvartalsresultatet har en enorm inverkan på aktiekursen och goda resultat, såväl som dåliga, kan sätta kursen för nästa kvartal eller år.

Stänga

Marknaderna är inte öppna för de flesta investerare 24/7. Den amerikanska aktiemarknaden fungerar från 9:30 till 4 EST från måndag till fredag och är stängd på de flesta större helgdagar. Marknadens stängning hänvisar helt enkelt till den tid då marknaden slutar handla för dagen.

Dagshandel

Dagshandel är en metod för att investera. Medan de flesta investerare investerar på lång sikt, handlar daytraders in och ut ur aktier dagligen (eller ännu mindre, till exempel per minut). Till exempel, om en daytrader tror att ett företag kommer att presentera en ny produkt som kommer att driva upp aktiekursen, kommer den daytradern att köpa aktier. När nyheten kommer ut och aktien går upp 5% kommer de att sälja aktien. Dagshandel är mer riskfylld än långsiktiga investeringar och tjänar i allmänhet mindre pengar under en lång tidsperiod, även om det kan vara lukrativt om det behärskas.

Rally

Ett rally är en ihållande period av tillväxt på marknaden eller i aktien. Medan tjurmarknader representerar en längre tidsperiod, används rallyn vanligtvis i ett kortsiktigt sammanhang. Till exempel kan en rapport som visar att arbetslösheten har nått den lägsta nivån på 50 år resultera i ett dagslångt marknadsrally.

Volym

Volym är antalet gånger en aktie har handlats. Till exempel handlas Microsoft (MSFT) miljontals gånger om dagen. En mindre aktie som Sorrento Therapeutics (SRNE) kanske bara handlas ett par hundra tusen gånger om dagen. Volymtoppar indikerar vanligtvis en (ofta stor) förändring i aktiekursen, oavsett om den är upp eller ner.

Avkastning

Yield är hur stor andel av aktiekursen ett företag delar ut i utdelning. Låt oss till exempel säga att JNJ:s aktie handlas till $200. Om du äger 1 aktie får du 4 USD per år i utdelning. Genom att dividera 4 med 200 kan vi finna att direktavkastningen är 0,02, eller 2%. Ju högre direktavkastning, desto bättre.

Dag Beställning

Varje gång du ställer in en limitorder för en aktie måste du också ställa in hur länge ordern kan utföras. Dagsorder utförs under loppet av en handelsdag. Andra vanliga varaktigheter är "60 dagar" och "Giltig till datum", vilket hänvisar till ett anpassat datum som anges.

Analytiker Forskning

Analytiker är människor vars jobb är att hitta bra investeringar för sina företag. De flesta investeringsplattformar kommer att ha en analytikerforskningssida. Den sidan kommer att visa all information och betyg som ges till en aktie av analytiker som undersökt den. Även om analytiker inte alltid har rätt (till exempel tredubblades TSLA ungefär på tre månader trots analytikernas negativitet), är informationen och rapporterna de ger användbara att överväga. När ansedda och välrenommerade analytiker skriver en rapport där de säger att de tror att en aktie antingen kommer att röra sig uppåt eller nedåt, (kallas "uppgradering" eller "nedgradering") kommer en aktie ofta att röra sig osynkroniserat med rapporten.

Insider-aktivitet

De flesta investeringsplattformar kommer att visa insideraktivitetsinformation för aktier. Personer som arbetar på ett företag (vanligtvis i högt uppsatta företagspositioner) kallas insiders. Insideraktivitet visar insiders köphistorik på aktien i företaget de arbetar för. Detta kan vara användbar information. Du kan till exempel upptäcka att VD:n för företag X har registrerat köp av 100 000 aktier i sitt företag. Den typen av information kan vara mycket användbar för att avgöra en bra tid att köpa en aktie. Viss insideraktivitet återspeglar dock inte insiderns kunskap. "Tilldelning av Optioner" och "Utnyttjande av Optioner" innebär att insiders antingen får aktier eller tvingas sälja aktier. Detta är planerat i förväg och har inget att göra med insiderns nuvarande uppfattning om företaget. Köp och försäljning av aktien är den enda insiderinformation som du bör vara uppmärksam på.

Bruttomarginal

Ett företags bruttomarginal är nettoomsättningen minus tillverkningskostnaden för de sålda varorna. Ett företag kan till exempel sälja 10 000 enheter till ett värde av 1 miljon dollar. Dessa 10 000 enheter monterades för 400 000 dollar och personalkostnaden för att bygga enheterna var 100 000 dollar.

Detta innebär att bruttomarginalen, 1 000 000 - 400 000 - 100 000, skulle vara 500 000. Sedan, för att konvertera det till en procentsats, dividera det talet med det ursprungliga försäljningsnumret. 500 000 dividerat med 1 000 000 ger en bruttomarginal på 0,5, eller 50%. Bruttomarginalen ger inte en fullständig bild av ett företags vinst eftersom utgifter som marknadsföringskostnader inte räknas in i bruttomarginalen. Generellt sett gäller dock att ju högre bruttomarginal, desto friskare är ett företag. Bruttomarginalen för ett friskt företag bör vara minst 20 %, även om den siffran varierar beroende på bransch.

Nettovinstmarginal

En nettovinstmarginal är ett steg bortom bruttomarginalen. Nettovinstmarginalen avslöjar ett företags verkliga lönsamhet efter att alla utgifter har betalats. För att hitta nettovinstmarginalen, använd den här ekvationen: Nettovinstmarginal = Nettovinst ÷ försäljning. Ett företag kan till exempel ha 100 000 USD i försäljning. Av dessa 100 000 dollar i försäljning har företaget en vinst efter alla utgifter på 30 000 dollar. För att hitta nettovinstmarginalen, dividera 30 000 med 100 000. Resultatet är 0,3. Multiplicera sedan det talet med 100 för att få en procentsats. 0,3 multiplicerat med 100 är lika med 30. Därför är nettovinstmarginalen 30%. Använd nettovinstmarginalen för att fastställa den verkliga vinsten som ett företag gör efter att alla utgifter har betalats.

Avkastning på tillgångar (ROA)

Avkastning på tillgångar anger ett företags vinst i jämförelse med värdet på dess tillgångar. För att hitta ROA, dividera nettoinkomsten med de totala tillgångarna. Låt oss till exempel säga att du startar ett lemonadstånd. Du köpte bordet, skylten och all annan utrustning för 1000 dollar. Sedan tjänade du $250. För att hitta din ROA, dividera 250 med 1000. Resultatet är 0,25 och en avkastning på 25 %. ROA kan vara användbart i följande situation: Ett företag med 1 miljard dollar i tillgångar och gör 1 miljon dollar i vinst kan vara i grönt med en ROA på 0,1 %, men ett annat företag kan ha 100 miljoner dollar i tillgångar och göra 10 miljoner dollar i vinst med en ROA på 10 %. Företaget som tjänar 100 gånger pengarna samtidigt som det använder 1/10 av tillgångarnas värde är sannolikt en bättre investering. Ju högre avkastning på tillgångar, desto effektivare är företaget på att tjäna pengar.

Förhållande mellan pris och bokföring (P/B.

Ett P/B-tal avgör om en aktie är undervärderad eller övervärderad av marknaden. För att hitta det, dividera priset per aktie med det bokförda värdet per aktie. Det bokförda värdet på en aktie är det totala värdet av ett företags tillgångar minus skulderna. I allmänhet letar investerare efter ett P/B-förhållande under 3. P/B-tal under 1 innebär i allmänhet att en aktie är mycket undervärderad och potentiellt en bra investering. Förstå dock att P/B-tal varierar beroende på bransch, så gör din hemläxa innan du fattar ett investeringsbeslut baserat på ett P/B-tal.

Pris/kassaflöde (P/CF)

Ett P/CF-tal jämför ett företags marknadsvärde med dess kassaflöde. För att hitta den (med hjälp av en förenklad ekvation) dividerar du aktiekursen med kassaflödet per aktie. Till exempel har två företag en aktiekurs på $100. Det ena företaget har ett kassaflöde på 10 dollar per aktie, medan det andra har 30 dollar per aktie. För att hitta deras P/CF-tal, dividera 10/100 och 30/100. Procentuellt sett skulle dessa två företag ha P/CF-tal på 10 % respektive 30 %. Extremt höga och extremt låga P/CF-tal är i allmänhet inte ett gott tecken, de flesta företag har ett P/CF-tal som sträcker sig från 10 till 20.

Pris/försäljningsförhållande (P/S)

Ett P/S-tal jämför ett företags aktiekurs med dess intäkt per aktie. Intäkt per aktie kan hittas genom att dividera ett börsvärde med totala intäkter. Till exempel har ett företag med en aktiekurs på 20 USD och en intäkt per aktie på 5 USD ett P/S-förhållande på 20/5, eller 4. P/S-tal visar hur mycket investerare är villiga att betala per dollar i försäljning. Till exempel skulle det föregående exemplet visa att investerare är villiga att betala $4 för varje $1 i intäkter som företaget genererar. P/S-tal är mest användbara, som P/CF- och P/B-tal, för att jämföra företag i samma sektor. I de flesta sektorer är P/S-tal under 1 utmärkta, och 1 till 2 anses vara bra.

Typer av aktier

Det är mycket viktigt att förstå olika typer av aktier. Det finns många sätt att klassificera en aktie, och de vanligaste klassificeringarna kommer att förklaras. Den första vanliga klassificeringen av aktier är efter den investeringsstil de representerar.

Värde aktier

Värdeaktier är aktier som är undervärderade och undervärderade i jämförelse med andra liknande företag.

Tillväxtaktier

Tillväxtaktier tillhör företag som växer snabbt eller är redo att växa snabbt. Exempel är Amazon och Lyft (AMZN och LYFT).

Cykliska aktier

Cykliska aktier ligger vanligtvis i linje med marknadens resultat. Om marknaden går upp, går cykliska aktier upp. Om marknaden går ner kommer dessa aktier sannolikt att gå ner med den. Exempel på detta är Hasbro och HarleyDavidson. (HAS och HOG).

Frimärksaktier

Frimärksaktier, som namnet antyder, är lågpris- och högriskinvesteringar. De sträcker sig från $5 till mindre än 10 cent. Även om de är mer benägna än blue-chip- och inkomstaktier att ha hög uppåtriktad potential, är de flesta småföretag och är därför mer benägna att misslyckas eller gå i konkurs. Exempel på detta är Smith Micro Software och Fortuna Silver Mines (SMSI och FSM).

Spekulativa aktier

Spekulativa aktier är vanligtvis små eller nystartade företag som är nya på aktiemarknaden och inte har någon meritlista. De har ofta nya produkter eller utforskar en ny marknad. Spekulativa aktier är mycket riskabla men har ofta större potential att stiga än stora och stabila aktier. Exempel på detta är Fortress Biotech och Sorrento Therapeutics (FBIO och SRNE).

Blue Chip-aktier

Blue-chip-aktier kommer från stora, konsekvent lönsamma och väletablerade företag på toppen av sina branscher. De växer i allmänhet långsamt men är lågriskområden och vanligtvis säkra. Företag som detta inkluderar Johnson & Johnson (JNJ) och Apple (AAPL).

Inkomster Stockar

Inkomstaktier är ofta också blue-chip-aktier och ger vanligtvis hög utdelning. De inkluderar några av de minst riskfyllda aktierna och har en konsekvent, stabil tillväxt. Exempel är IBM och Universal Corp (IBM och UVV).

Internationella aktier

Internationella aktier beskriver alla aktier som emitteras utanför ditt hemland. Till exempel betraktas alla företag som grundats och är baserade i Europa som internationella aktier för handlare i USA. Internationella lager kan också kallas utländska aktier. Populära internationella aktier för USA-baserade handlare är Alibaba (BABA) och JD.com Inc. (JD).

Marknadsvärde

En annan vanlig metod för klassificering är genom det totala värdet av ett företags aktier, även kallat börsvärde. Ett marknadsvärde hittas genom att multiplicera aktiekursen med det totala antalet aktier. Till exempel har ett företag med en aktiekurs på 10 USD och 1 miljon aktier ett börsvärde på 10 miljoner USD. De flesta företag faller under de tre huvudkategorierna small, mid eller large cap, men alla sex börsvärdesklassificeringarna listas nedan. Generellt gäller att ju större börsvärdet är, desto mindre riskabel är en aktie.

- o Nano-Cap - 50 miljoner dollar och lägre

- o Micro-Cap - 50 miljoner dollar till 300 miljoner dollar

- o Small-cap - mellan 300 miljoner och 2 miljarder dollar

- o Mid-cap - mellan 2 och 10 miljarder dollar

- o Large-cap - mellan 10 och 200 miljarder dollar

o   Mega-Caps - 200 miljarder dollar eller mer

Sektorer

En tredje gruppering av aktier sker genom de sektorer där de är verksamma. Tänk på sektorer som olika delar av ekonomin. Hälso- och sjukvård är till exempel en sektor som omfattar (bland andra delsektorer) sjukhus och läkemedelsföretag. Olika sektorer har olika fördelar och nackdelar och rör sig i liknande riktningar. Till exempel är vissa sektorer bättre att investera i under ekonomiska nedgångar och andra under ekonomiskt välstånd. Det är viktigt att inte bara känna till de olika sektorerna utan också att diversifiera din portfölj över flera sektorer. På så sätt kan du fånga upp i flera branscher under olika ekonomiska tider och göra din portfölj motståndskraftig mot en stor förlust om en enda sektor skulle minska. Aktiemarknaden har 11 sektorer, och alla kommer att utvecklas nedan.

Finansiell information

Finansiella aktier inkluderar investeringsfonder, banker, fastighetsföretag, försäkringsbolag, konsumentfinansieringsföretag, hypoteksmäklare och fastighetsfonder. Även om allt detta kan låta skrämmande, kretsar alla finansiella aktier i grunden kring pengar, oavsett om det handlar om att behålla dina pengar eller investera dina pengar. Finansiella aktier stiger ofta när räntorna stiger eftersom de tjänar pengar på de bolån och lån som de kontrollerar, som alla gynnas av höjda räntor. Företag inom denna sektor inkluderar Bank Of America Corp (BAC), Morgan Stanley (MS) och Citigroup Inc. (C).

Energi

Energiaktier inkluderar kraftföretag, raffinaderier, olje- och gasprospekteringsföretag och produktionsföretag. Energiaktier kommer sannolikt att öka i värde när priset på olja, naturgas och andra råvaror stiger. Företag inom denna sektor inkluderar Exxon Mobile (XOM) och Chevron Corporation (CVX).

Samhällsservice

Allmännyttan består av vatten-, el- och gasbolag. Det är de företag som ger dig rinnande vatten och el. Allmännyttiga sektorn är känd för att tjäna stabila och återkommande intäkter från sina kunder. På grund av detta kommer priserna på allmännyttiga aktier inte att förändras mycket när marknaden går upp eller ner och kommer sannolikt att betala höga och konsekventa utdelningar. Bland företagen finns National Grid (NGG) och Dominion Resources (D).

Teknik

Teknikaktier består av mjukvaruutvecklare, IT-företag och elektroniktillverkare. Det är dessa företag som forskar, producerar och säljer den teknik vi köper. Teknikaktier är i allmänhet beroende av marknadens och ekonomins allmänna hälsa och tenderar att röra sig med marknaden. Företag inom denna sektor inkluderar Apple (AAPL), Microsoft (MSFT) och Amazon (AMZN).

Dagligvaror

Dagligvaruföretag producerar mat och dryck, liksom många andra nödvändigheter. Dagligvaruföretag är motståndskraftiga mot ekonomiska nedgångar eftersom människor även i tider av ekonomisk kamp fortfarande behöver de förnödenheter som dessa företag tillhandahåller. Bland företagen finns Procter & Gamble (PG) och B & G Foods (BGS).

Sällanköpsvaror

Sällanköpsvarusektorn omfattar detaljhandelsföretag, medieföretag och leverantörer av konsumenttjänster. Sällanköpsvaror är där konsumenterna handlar. Sektorn rör sig i allmänhet med ekonomin. Företag inom denna sektor inkluderar McDonald's (MCD), Target (TGT) och Walmart (WMT).

Hälso

Hälso- och sjukvårdsföretag består av sjukhusförvaltningsföretag, marknadsförare av medicintekniska produkter, bioteknikföretag och många andra. Vissa aspekter av denna sektor är säkrare investeringar eftersom människor behöver sjukvård oavsett deras ekonomiska situation, men många hälsovårdsaktier, särskilt bioteknikaktier, anses vara mer riskfyllda eftersom de är små och ofta är fokuserade på en "make it or break it"-produkt. Företag inom denna sektor inkluderar Johnson & Johnson (JNJ), Kaiser Inc. (KGHI) och Biogen (BIIB).

Fastighet

Fastighetssektorn består av företag som investerar i eller förvaltar alla typer av fastigheter. Dessa företag tjänar det mesta av sina pengar på hyresintäkter och värdestegring från sina innehav, och på grund av detta rör sig sektorn och dess aktier i allmänhet med räntorna. Företag inom fastighetssektorn inkluderar Host Hotels & Resorts Inc. (HST) och CBRE Group (CBRE).

Industrials

Industriföretag består av flyg-, maskin-, försvars-, bygg-, tillverknings- och tillverkningsföretag. Industriföretag växer och faller i takt med efterfrågan på deras produkter. Populära industriaktier är Honeywell (HON), Ametek (AME) och Xylem (XYL).

Telekom

Telekomföretag inkluderar kabelföretag, internettjänster och trådlösa leverantörer, satellitföretag med mera. Eftersom de flesta människor betalar återkommande betalningar för sitt internet och andra tjänster och inte är benägna att förändras, är branschen vanligtvis konsekvent i intäkter och tillväxt. Vet bara att snabba förändringar kan komma från ingenstans, som det gjorde med PG&E Inc. (PCG), en gas- och elleverantör som gick från sund till konkursmässig efter att ha stämts miljarder för skador relaterade till skogsbränder i Kalifornien. Verizon (VZ), AT&T (T) och Sprint Corporation (S) är några av de största företagen i branschen.

Material

Materiallager består av raffinaderi-, kemi-, skogs- och gruvföretag, tillsammans med alla andra utvecklare av råvaror. Dessa företag stiger och faller i allmänhet med ekonomin på grund av deras osäkra position längst ner i leveranskedjan. Bland materialföretagen finns Ecolab Inc. (ECL) och DuPont de Nemours Inc. (DD).

Typer av investeringar

Det finns många typer av investeringar som går utöver det grundläggande köpet och säljandet av en aktie. Det här avsnittet kommer att innehålla de mest populära metoderna, av vilka det finns många, men förstå att köp och försäljning av aktier, fonder och indexfonder är allt du behöver göra under åtminstone det första året av investeringen. Använd bara andra metoder när du är bekväm med grunderna.

Lager

Aktier är den mest grundläggande formen av investeringar på aktiemarknaden. När du köper en aktie köper du en mycket liten del av det företaget. Till exempel, om Amazon har 100 miljoner aktier i sitt företag tillgängliga och du köper en aktie, äger du nu 0,000000001 % av Amazon. För att aktien ska öka i värde måste folk vara villiga att betala mer för aktien än vad du betalade för den. Till exempel, om du köpte den 1 andelen i Amazon för $100 och aktien gick till $150, kan du sälja den och göra $50 i vinst. Vissa aktier kan också erbjuda utdelning. Utdelning är när företag betalar dig för att du äger aktier i deras aktier. Till exempel, om jag köpte en aktie i Johnson & Johnson för 140 dollar, kan de betala mig 50 cent varje kvartal, eller 2,00 dollar per år för att äga den aktien. Utdelningar är ett säkert sätt att tjäna pengar som många använder för att skapa en stabil inkomstkälla för sig själva.

Fonder

Fonder och indexfonder (helst indexfonder på grund av lägre avgifter) är det enda andra alternativet som jag föreslår att du investerar i direkt efter att du öppnat ett konto på grund av deras stabilitet och enkelhet. Fonder låter dig investera i en mångsidig grupp av aktier i en portfölj som förvaltas av en professionell fondförvaltare. Föreställ dig det så här: låt oss säga att du vill köpa Apple-, Amazon- och Microsoft-aktier. Var och en av aktierna handlas för $100, men du har bara $50 dollar att investera. Du kan sedan leta efter en fond där fondförvaltaren hittar 6 personer precis som du. Tillsammans har dessa 6 personer de $300 som behövs för att investera i alla 3 företagen. Ni investerar var och en era $50, och sedan äger ni lite (mindre än en aktie) i vart och ett av företagen. Det är så fonder fungerar, även om de flesta är i mycket större skala. En fond kan till exempel innehålla de 500 bästa företagen på marknaden. Tänk på det som att kunna investera i många aktier med betydligt mindre kapital än vad det annars skulle ta. Fonder anses vara säkra investeringar på grund av deras låga volatilitet och stadiga tillväxt.

Indexfonder

En indexfond är en fond; Den enda skillnaden är att indexfonder inte förvaltas aktivt. Två av de mest populära fonderna i USA är Fidelity ZERO Large Cap Index och Schwabs S&P 500 indexfonder. Indexfonder är historiskt bra investeringar och på grund av sin popularitet har indexfonder mer än 4 biljoner dollar i tillgångar och utgör 14 % av den amerikanska aktiemarknaden.

REIT

En REIT, som betyder Real Estate Investment Trust, är ett företag som driver, äger eller finansierar inkomstbringande (antingen bostäder eller kommersiella) fastigheter. En REIT kommer att äga en portfölj med många fastigheter, inte bara en, och hundratals REITs är noterade på marknaden. Som investering är REITs historiskt sett extremt volatila.

Kortslutning

Blankning, känd som blankning av en aktie, är alternativet till att köpa aktier. När du köper aktier satsar du på att företagets aktiekurs kommer att stiga. När du blankar en aktie satsar du på att aktien kommer att sjunka. Blankning är en riskabel investering på grund av de potentiellt stora förluster som den kan medföra, men när du väl är tillräckligt erfaren och har lite extra pengar är det bra att prova det och lära dig.

Alternativ

Många tycker att alternativ är skrämmande, men om det tar sig tid att lära sig om dem är de ett bra sätt att minska risken med investeringar. Faktum är att du använder alternativ hela tiden i ditt dagliga liv. Tänk på ett alternativ som att få en kupong för att köpa en pizza för $10 på din favoritrestaurang. Kupongen upphör att gälla om 6 månader. Låt oss säga att du går in på pizzarestaurangen och pizzan säljs för 12 dollar. Du kanske vill använda din kupong, men om pizzarestaurangen nu säljer pizzor för 8 USD styck, kanske du vill behålla kupongen tills priset går högre och du kan få rabatt. Det är precis vad riktiga optioner gör. Optioner ger dig rätt att köpa eller sälja en aktie till ett visst pris inom en viss tidsperiod.

Du kan till exempel köpa en option på 100 aktier i Apple för 100 USD. Om aktien klättrar till $150 kan du utföra ordern och köpa dessa 100 aktier för $100. När du har köpt kan du omedelbart sälja aktierna du köpte för $100 för $150 och tjäna $50 per aktie. Det finns två typer av optioner: Köpoptioner och säljoptioner. Köpoptioner ger dig rätt att köpa en aktie till ett visst pris, medan säljoptioner ger dig rätt att sälja en aktie till ett visst pris. Till exempel, om du köper en säljoption för 100 aktier i Apple till $200 och aktien går ner till $150, får du sälja dessa aktier till $200 även om aktien bara är till $150. Alternativen blir mycket mer komplicerade än så här och E*TRADE har instruktionsvideor som fördjupar sig mycket djupare i ämnet. Besök resursavsnittet i del VI för länkar till E*TRADE:s innehåll.

Hur man förstår grunderna

Att förstå några av de viktigaste mätvärdena och siffrorna för vad som utgör grunderna för ett företag kan avsevärt öka dina chanser att göra bra investeringar. Du kan hitta följande information om en aktie på alla större investeringswebbplatser online, vanligtvis på sammanfattningssidan. För att hitta denna information gratis, besök finance.yahoo.com. I följande avsnitt kommer vi att fokusera på de tio viktigaste grundläggande mätvärdena för att hjälpa dig att förstå ett företag.

De tio stora

1. Öppna 2. 52-veckors intervall 3. Genomsnittlig volym 4. Vinst per aktie 5. P/E 6. Nästa resultatdag 7. Börsvärde 8. Utestående aktier 9. Beta 10. Direktavkastning

Öppna

Det öppna priset för en aktie är det pris som aktien öppnade på under en dag. Till exempel kan Apple handlas för $350, men öppningspriset kan vara $345. Det öppna priset kan hjälpa till att bestämma volatiliteten hos en aktie och marknadens rörelse utan att titta på ett diagram.

52-veckors intervall

Detta mått visar det intervall som en aktie har handlats till under det senaste året. Till exempel, under det senaste året, om en aktie nådde en lägsta nivå på $4,00 i september och nådde en högsta nivå på $6,00 i november, skulle 52-veckorsintervallet vara $4,00 - $6,00. En akties 52-veckorsintervall kan hjälpa till att avgöra hur mycket tillväxt aktien har haft och om det är rätt tid att köpa. En aktie som handlas till $55,00 och har ett 52-veckorsintervall på $20 till $60 kanske inte är en bra investering eftersom aktien redan nästan har tredubblats under året. På samma sätt kan det vara ett dåligt investeringsbeslut att köpa en aktie som har halverats i värde och som handlas nära den nedre delen av sitt 52-veckorsintervall. Sammantaget kan du använda det här verktyget för att se till att aktien du vill investera i har utrymme att växa utan att hamna på soptippen.

Genomsnittlig volym

Volymen på en aktie, som du kanske minns, är antalet gånger en aktie har handlats. Den genomsnittliga volymen visar helt enkelt det genomsnittliga antalet gånger en aktie har handlats inom en viss tid, vanligtvis 10 dagar.

EPS

EPS, eller vinst per aktie, beräknar ett företags vinst dividerat med det totala antalet aktier som ett företag erbjuder för sina aktier. Det resulterande förhållandet fungerar som en indikator på företagets lönsamhet. Ju högre vinst per aktie desto bättre, men uteslut inte ett företag enbart baserat på dess vinst per aktie eftersom vinsten per aktie inte tar hänsyn till ett företags hälsa och situation, utan bara till aktien.

P/E-tal

P/E står för P/E. Ett P/E-tal jämför en akties aktiekurs med hur mycket pengar företaget tjänar per aktie. Låt oss till exempel använda Tesla (TSLA). Låt oss säga att TSLA handlas till $800 och tjänar $80 per aktie. 800 (priset) ÷ 80 (vinst per aktie eller EPS) = 10. Därför skulle Tesla ha ett P/E-tal på 10. Även om P/E-tal varierar beroende på bransch och sektor är ett mycket högt P/E-tal eller ett mycket lågt P/E-tal i allmänhet inte bra. Tänk dock på att små nystartade företag, som potentiellt kan ha en enorm tillväxtpotential men inte tjänar pengar, vanligtvis har låga P/E-tal och därför är undantag från regeln. Döm inte en aktie enbart utifrån dess P/E-tal; Tänk bara på det som en faktor att ta hänsyn till.

Nästa resultatdatum

Nästa resultatdatum, eller resultatdatum, avser nästa datum som ett företag rapporterar kvartalsresultat. Se avsnittet med grundläggande villkor för information om kvartal och resultat.

Marknadsvärde

Marknadsvärdet (se avsnittet om termer för en definition) bestämmer storleken på ett företag. Generellt gäller att ju mindre ett företag är, desto mer riskfylld är investeringen eftersom företaget har större chans att gå i konkurs.

Utestående aktier

När ett företag först noteras på marknaden emitterar det företaget ett totalt antal aktier i sina aktier för investerare att äga och handla. Det antalet, det totala antalet aktier i ett företag, kallas de utestående aktierna. Företag kan lägga till eller återköpa aktier för att öka eller minska det totala antalet aktier på marknaden.

Beta

Betavärdet för en aktie representerar aktiens volatilitet i förhållande till marknaden. Alla siffror under 1 betyder att en viss aktie är mindre volatil än marknaden, medan allt över 1 betyder att en viss aktie är mer volatil än den totala marknaden. Betatalet är en bra indikation på volatiliteten och därmed (vanligtvis, men inte alltid) risken för en aktie.

Direktavkastning

Enligt definitionen i villkorsavsnittet representerar en direktavkastning den procentandel av en aktiekurs som du tjänar i utdelning varje år. Generellt sett är aktier som har stabila utdelningar säkrare än aktier utan utdelning. En utdelning betyder i princip att ett företag betalar dig för att äga sina aktier och alla företag som har råd att betala utdelning, även en liten, är mindre benägna att gå i konkurs eller kraascha. Nackdelen är att stora företag med utdelningar sannolikt växer långsamt och har mindre potentiell uppsida än små företag. Utdelningsnormen för stora företag är 1 % till 3 %.

85

Detta avslutar de tio viktigaste grundläggande mätvärdena för ett företag. Dessa nyckeltal lägger grunden för att utveckla en djup kunskap om ett företag och dess aktie.

Förstå intäkter

Som en påminnelse utfärdas resultatrapporter kvartalsvis av ett företag för att ge insikt i resultatet. Vinster, både bra och dåliga, kan ha en enorm inverkan på en aktiekurs, och att förstå grunderna i en kvartalsrapport är ovärderligt för att välja bra investeringar. Företag är enligt lag skyldiga att lämna in en kvartalsrapport, varav följande innehåller den mest användbara informationen för investerare. Följande dokument är tillsammans en del av ett företags finansiella rapporter.

- Resultaträkning
- Balansräkning
- Kassaflödesanalys
- Frågor och svar och prognoser

Resultaträkning

En resultaträkning visar ett företags intäkter, kostnader och vinst. Varje kategori (intäkter, utgifter och vinster) är uppdelad i underavsnitt. Intäkt visar den totala intäkten samt kostnaden för sålda varor (KSV) och bruttovinsten. Alla siffror i en resultaträkning, liksom på alla dokument i det här avsnittet, är vanligtvis i miljoner, inte tusentals. Utgiftsavsnittet bör visa alla utgifter, från marknadsföring till löner och försäkringar. Slutligen kommer skatterna och sedan vinsterna att visas. Inkomstrapporter är ett bra snabbt sätt att bedöma ett företags ekonomiska situation.

Balansräkning

Balansräkningar avslöjar tillgångar, skulder och eget kapital i ett företag. Den viktigaste informationen finns i avsnitten om tillgångar och skulder. Tillgångsavsnittet bryter ner alla tillgångar som ett företag äger. En stor tillgångstyp kallas omsättningstillgångar. Omsättningstillgångar, som består av kontanter och kortfristiga investeringar (även kallade likvida medel), lager och kundfordringar är alla tillgångar som lätt kan säljas eller omvandlas till kontanter. En annan tillgångstyp kallas långfristiga tillgångar, eller anläggningstillgångar. Långsiktiga tillgångar kan inkludera maskiner, utrustning, mark och patent; alla tillgångar som är svåra att avveckla snabbt. Subtrahera omsättningstillgångarna från de totala tillgångarna för att hitta de långsiktiga tillgångarna.

Det omfattar tillgångar. Nästa punkt på en balansräkning är skulder (eller skulder som är skyldiga). Leta efter totala kortfristiga skulder (som är skulder som måste betalas inom ett år) och långfristiga skulder (ibland kallade långfristiga skulder). Långfristiga skulder omfattar alla skulder som måste betalas i sin helhet minst ett år eller mer från rapportdatumet. Totala skulder kommer att kombinera alla kortfristiga och långfristiga skulder till ett tal. Se till att notera om ett företag har betalat av skulder och ökat sina tillgångar under de senaste åren av en rapport. Sammantaget hjälper dessa siffror dig att förstå och använda de viktiga mätvärdena i en balansräkning.

Kassaflödesanalys

Kassaflödesanalysen består av likvida medel (likvida medel är tillgångar som är lätta att likvidera) som rör sig genom ett företag. Kassaflödesanalysen består av tre delar: Kassaflöde från den löpande verksamheten, kassaflöde från investeringar och likvida medel från finansiering. Likvida medel från verksamheten är alla likvida medel som kommer från företagets produkter eller tjänster. Kassaflöde från investeringar är kassaflöde från ett företags tillgångar och investeringar. Likvida medel omfattar pengar från investerare och banker samt utdelningar och aktieåterköp. Sammantaget kan du använda kassaflödesanalysen för att avgöra om ett företag vinner eller förlorar pengar samt om ett företag samlar in pengar genom skulder eller intäkter.

Som en sidoanteckning är kassaflödet en mycket viktig ekonomisk lektion för alla som vill bli ekonomiskt fria senare i livet. För att läsa mer om kassaflöde och hur det påverkar ditt liv samt vilken typ av investeringar du bör göra utanför aktiemarknaden, se till att läsa Robert Kiyosakis böcker i resurssektionen.

Frågor och svar och förutsägelser

Företag kommer vanligtvis att göra förutsägelser för det kommande kvartalet eller året under en resultatrapport. Dessa förutsägelser kommer sannolikt att påverka aktiekursen baserat på om företaget förutspår att den kommer att prestera bra. Förutom förutsägelser innehåller resultatet vanligtvis en Q&A-sektion där analytiker kan ställa frågor. Dessa Q&A-avsnitt visar ofta viktig information om företaget som annars inte skulle avslöjas. Sammantaget bör du använda dessa två kategorier som en källa till ytterligare information om aktiens framtida potential.

Hur hittar jag den här informationen?

Intäktssamtal, liksom finansiella dokument, är offentligt tillgängliga och inte svåra att få tillgång till. Om du vill visa både ekonomi och bokslut gratis kan du använda någon av följande webbplatser:

- US Securities and Exchange Commission

  Hatps://vv.sec.gov/edgar.shtammal

- **Yahoo! Finans**

  Finance.yahoo.com

- **Google Ekonomi** om

  finance.google.com

Som nämnts ovan är företagets vinstsamtal vanligtvis offentligt tillgängliga. Många företag erbjuder ett telefonnummer som kan nås för att lyssna live när de levererar sina kvartalsrapporter. Att lyssna på en kvartalsrapport live är en fantastisk upplevelse och är definitivt något du bör prova. Välj bara ditt favoritföretag och besök deras hemsida. All information du behöver bör finnas under en flik som heter "Investerare" eller något liknande. Faktum är att många företag också visar sina bokslut på sin webbplats tillsammans med pressmeddelanden och nyheter.

Vid det här laget bör du förstå de viktigaste siffrorna som släpps i en kvartalsrapport. För att fördjupa dig ytterligare i vinstvärlden, besök resurssektionen, och du har nu slutfört del III: Aktiemarknadskunskap. Det finns verkligen en hel värld av aktiemarknadsinvesteringar fylld med mer än vad som får plats i den här boken, men grunderna bör täckas. Faktum är att du kanske har hört några ord eller termer som inte täcktes. Om du har några, ta en stund att komma ihåg dem och skriv ner dem:

_____   _____

_____   _____

_____   _____

_____   _____

Vid det här laget bör du kunna förstå alla grundläggande mått och termer som ofta används. Denna information kommer att lägga grunden för att välja bra aktier. Den andra delen av att välja bra investeringar är dock att utveckla en strategi som passar dina mål och din livsstil.

Del IV: Aktiemarknadsstrategi för tonåringar

Att utveckla en kärnstrategi och disciplinen att hålla sig till den är avgörande för investeringar. Olika strategier passar olika människor och att hitta din perfekta strategi är nästa steg i processen för att bli en framgångsrik investerare. Att välja en strategi börjar med personen. Till exempel kommer en medelålders person med en familj att försörja att vara mer benägen att investera i säkra utdelningsaktier. En ung och ambitiös investerare kan dock vara intresserad av en mer riskfylld portfölj som potentiellt kan ha mer uppsida.

Nu vill jag att du tar en minut och frågar dig själv vad ditt mål är med att investera; Är du bara intresserad av att lära dig mer om aktiemarknaden? Letar du efter lite extra pengar? Vill du bli mångmiljonär genom aktier? När du har ditt svar, fundera på vilken typ av investering som kommer att tjäna dig bäst. Här är flera faktorer att tänka på samt den rekommenderade strategin för att investera som tonåring.

Som regel för att investera ungt, tänk långsiktigt. Det fantastiska (och lönsamma) med att investera i tidig ålder är att dina pengar har årtionden på sig att växa. Du behöver inte ta stora risker eftersom (kom ihåg sammansatt ränta) dina pengar kommer att öka exponentiellt med tiden. Om du kan göra 8 % vinst per år (historiskt lågt för marknaden) kommer varje 100 dollar du investerar att vara värd knappt 5 000 dollar om 50 år. Om du investerar bra och tjänar 10 % per år kommer de 100 dollar som investeras att bli 11 739 dollar på 50 år. Du kan kolla in det själv på en kalkylator för sammansatt ränta. Min favoritkalkylator för sammansatt ränta är Moneychimps kalkylator. Du kan kolla in det på den här länken:

http://www.moneychimp.com/calculator/compound_interest_calculato

r.htm

Tyvärr är 50 år en lång tid. Du måste dock förstå att tålamod och smarthet kan ge ekonomisk trygghet som få har turen att ha. Det är inte värt att riskera stora delar av din portfölj på riskfyllda investeringar för att tjäna 10 % extra, medan dina pengar med tiden kan 50x, 80x eller till och med 100x sig själva.

Baserat på detta tänkande rekommenderar jag att tonåringar spelar det långa spelet om de verkligen är intresserade av aktier och att ha ekonomisk frihet senare i livet. En långsiktig aktiemarknadsstrategi kommer vanligtvis att inkludera aktier med stort kapital, värde och utdelning, samt vissa tillväxtaktier och index- eller värdepappersfonder. Tillväxtaktier kommer sannolikt att gå igenom perioder med hög tillväxt och köp och försäljning av dessa aktier bör utföras i enlighet med detta. Även om många värdeaktier växer långsamt och inte behöver mycket uppmärksamhet, bör du lägga lite pengar på tillväxtaktier för att kunna engagera dig mer på marknaden och tjäna lite extra pengar.

Du behöver inte på något sätt följa denna strategi, och om du hellre vill göra något annat med dina vinster än att återinvestera, som att finansiera din livsstil, är det bra, förstå bara vad du offrar. Om det är värt det för dig, fortsätt och gör det. Dessutom, om en långsiktig strategi inte passar din stil, prova bara något annat. En långsiktig investeringsstrategi för värde/tillväxtaktier och index/fonder rekommenderas eftersom den historiskt sett har lett till den högsta avkastningen och passar bra för de flesta, men tonvikten bör läggas på "de flesta".

Personligen älskar jag att investera i små och kommande aktier. Jag har sett aktier fördubblas eller tredubblas (kolla in de verkliga exemplen i del V) men också halveras. För att hålla mig aktiv i investeringar och hålla det roligt införlivar jag investeringar i dessa kommande företag i min strategi. Även om handel med ett långsiktigt tänkesätt rekommenderas för tonåringar, förstå att på grund av din ålder är det helt okej att lägga pengar i några riskabla investeringar. Se dock till att ha regler. Jag investerar bara 25 % av pengarna (per handel) som jag annars skulle göra i riskfyllda aktier (till exempel 1000 dollar i en relativt säker aktie och 250 dollar i en uppåtgående aktie) och om jag är nere 10 % säljer jag omedelbart, oavsett uppsidan. Även om detta kan ha kostat mig några rejäla vinster, har det räddat mina pengar från lika allvarliga förluster. Dessa regler låter mina pengar växa säkert samtidigt som jag har roligt och tar extra vinst vid sidan av.

Nu när du har utvecklat en övergripande strategi och du förstår de tekniska aspekterna av aktier är det dags att dyka in i att välja bra investeringar som är skräddarsydda för din övergripande aktiemarknadsstrategi. Till exempel kommer någon med en långsiktig inriktning som vill "investera och glömma" att lägga fokus på indexfonder, fonder och långsamt växande bluechip-aktier. För att hitta dessa företag rekommenderar jag i allmänhet två rutter som kan användas samtidigt. För det första, som beskrivs i boken *One Up On Wall Street* av Peter Lynch, se dig omkring. Att upptäcka trender och produkter innan de blir heta aktier är en bra metod så länge potentiella investeringar undersöks noggrant. Men många bra företag kommer aldrig att nå din plats, så den andra metoden för att hitta bra företag är genom en aktiescreener. Om du redan har registrerat dig för en handelsplattform online är chansen stor att du redan har tillgång till en.

Om inte, finns flera gratisalternativ tillgängliga. Här är några av de bästa:

- HTTPS://Finance.yahoo.com/Screener
- https://www.tradingview.com/screener

Aktiescreeners låter dig i princip använda filter för att sortera igenom de tusentals aktier som finns där ute och hitta aktier som passar in i din investeringsstrategi. Låt oss gå igenom aktiescreenerprocessen genom att identifiera några av de filter jag kan ställa in om jag letar efter ett litet, volatilt företag med potentiellt bra uppåtgående rörelse att investera i:

Börsvärde: Micro Cap och Small Cap
Pris: Större än $1, mindre än $50 (försök att hålla dig borta från lager under $1)
Sektor: Alla **Bransch:** Alla
Prisförändring: Mer än 10 % under de senaste 30 dagarna (antingen upp eller ner: indikerar volatilitet)

Prisutveckling jämfört med S&P: 20% - 40% under de senaste 52 veckorna

(detta resulterar i aktier som slår marknaden)

P/E-tal: Över branschgenomsnittet

Inom: 10 % av den högsta nivån på 52 veckor (det betyder att en aktie är nära sin högsta nivå för året och inte har sjunkit)

Årlig omsättningstillväxt: 25% - 50% och >50%

EPS-tillväxt: Positiv förändring

Om jag kopplar in de exakta filtren i en aktiescreener (jag använder E*TRADE's), uppfyller dessa 15 företag kriterierna:

ATAX - Amerika First Multifamily Investors LP

ACLS - Axcelis Technologies Inc.

DHT - DHT Holdings Inc

TJÄNA - Ellington bostadslån REIT

EBMS - Första Bancshares Inc

FCPT - Fyra hörn Fastighetsförvaltning Inc

GMRE - Global Medical REIT Inc

HTHT - Huazhue Group Ltd (ADR)

KRNT - Kornit Digital Ltd
KLIC - Kulicke och Soffa Industries Inc.

OFG- OFG Bancorp
RWT - Redwood Trust, Inc.
SASR - Sandy Spring Bancorp Inc.
TPVG - Triplepoint Venture Tillväxt BDC Corp
VCTR – Victory Capital Holdings Inc

Av de 15 aktier som uppfyllde mina kriterier kan jag nu undersöka sektorerna. Jag är inte ute efter att investera i REITs (eftersom räntorna kan vara nere), så jag kan ta bort dem från listan. Jag är inte ute efter att investera i olja och gas (eftersom priset på olja kan vara nere), så jag kan ta bort DHT holdings Inc. Bankverksamhet kanske inte är hett, så Sandy Spring Bancorp Inc., OFG Bancorp, America First Multifamily Investors LP och First Bancshares Inc. är ute. TPVG och VCTR, investmentbolag, är också ute. Resultatet är följande aktier:

Kornit Digital Ltd. (KRNT)
Kulicke och Soffa Industries Inc. (KLIC)
HUD Group Ltd. (HD)
Axcelis Technologies Inc. (ACLS)

Som du kan se tillät en aktiescreener mig att gå från tusentals potentiella företag ner till 4 som perfekt matchar mina kriterier. Stock screeners är ett bra sätt att hitta bra investeringar, och filtren som användes var bara grunderna. Dussintals andra kriterier och filter kan tillämpas, så ta dig tid att leka och se vad du kommer fram till.

Vad du ska göra när allt går ner

Tyvärr går inte allt upp hela tiden. Om en korrigering eller krasch inträffar kan hela marknaden röra sig nedåt. Att veta vad du ska göra under dessa tider kan inte bara spara pengar utan också tjäna pengar.

För det första måste du förstå att björnmarknader och korrigeringar är historiskt kortsiktiga. I grund och botten, under de flesta björnmarknader genom historien, kan du helt ignorera en krasch och din portfölj skulle återhämta sig inom 5 år. Därför är det bästa sättet att tjäna pengar medan aktierna går ner att hålla dina viktiga investeringar, samla in lite pengar och köpa de bästa erbjudandena så nära marknadens låga nivå som möjligt.

För att utveckla, sälj aktier som kommer att återhämta sig långsammast eller falla längst; Köp sedan aktier nära sin lägsta nivå som har fallit längst och som sannolikt kommer att återhämta sig snabbast. Till exempel, under kraschen 2020, köpte jag kraftigt in i Tesla (TSLA) runt dess lägsta $350 och upp till $550 eftersom jag är säker på att

Teslas aktie kommer att vara tillbaka till sin högsta nivå på nära $1000 inom 5 år efter kraschen. Å andra sidan kommer jag att sälja en aktie som Johnson & Johnson (JNJ), som i allmänhet är recessionssäker och inte kommer att röra sig mycket. På så sätt kan jag använda en marknadsnedgång till min fördel och kanske till och med gå med vinst. Denna metod satsar på att marknaden återhämtar sig relativt snabbt, medan en ekonomisk depression skulle vara en annan historia. Vet också att det är bra att hålla aktier som inte kommer att röra sig mycket som J&J om du har tillräckligt med pengar för att dra nytta av eventuella möjligheter.

För att identifiera de aktier som kommer att återhämta sig högst måste du först identifiera de aktier som har tappat mest värde helt enkelt för att marknaden gick ner; Inte på grund av ett faktiskt affärsproblem som är relaterat till orsaken till kraschen eller korrigeringen. Till exempel tappade Tesla mer än 60 % av sitt värde och föll från cirka 950 dollar till en lägsta nivå på 350 dollar under 2020. Samtidigt föll Carnival (CCL), en kryssningsresearrangör, från en topp på ungefär 50 dollar till strax under 10 dollar, vilket resulterade i en minskning av aktievärdet med 80%. Även om Carnival kan tyckas vara en bättre affär i motsats till Tesla, påverkas Carnival mycket mer av huvudorsaken till kraschen än vad Tesla gör. Som ett resultat kan det vara bättre att köpa Tesla eftersom Tesla sannolikt kommer att återhämta sig snabbare.

Frågan är då: När ska man köpa? Det viktigaste rådet att komma ihåg är att det är okej att inte tajma botten av en krasch perfekt. Det är bättre att köpa Tesla för 500 dollar och köra den till 900 dollar än att försöka men misslyckas med att köpa den för 300 dollar och gå miste om vinsten. Att köpa 5% - 10% av en marknads lägsta kommer fortfarande att resultera i större vinster inom ett par år än att inte köpa alls. Enligt min erfarenhet är det ganska lätt att se när den värsta kraschen är över, till exempel efter att en 30-procentig nedgång på en vecka inträffat. Även om marknaden kan förlora ytterligare 10 % efter en nedgång på 30 %, skulle köpen fortfarande falla inom de rekommenderade 5-10 % buy-in från en låg nivå under en krasch eller korrigering. För att sammanfatta det, håll dig bara lugn och var inte känslosam. Råden ovan skulle historiskt sett ge mest vinst under en krasch eller korrigering, men varje situation är annorlunda, så du kan behöva fatta dina egna beslut baserat på dina unika omständigheter. Slutligen, kom ihåg detta: ingenting, varken en tjurmarknad eller en björnmarknad, varar för evigt.

Innan du går vidare, ta en minut för att sammanfatta den övergripande handelsstilen och strategin som du tror kommer att fungera bäst för dig, din situation och din personlighet.

Förutom att utveckla en övergripande strategi för dina pengar är det viktigt att förstå några grundläggande regler, begrepp och strategier som dikterar när du ska köpa och när du ska sälja aktier, med början i motsatsernas regel.

Motsatsernas styre

Motsatsernas regel är idén att en smart investerare (i de flesta situationer) kommer att göra motsatsen till marknaden. Detta gäller endast pengar som investeras i kortsiktiga innehav, det vill säga aktier som köps med avsikt att säljas inom ett år. I grund och botten dikterar motsatsernas regel att om marknaden rör sig uppåt kommer en investerare gradvis att sälja. Om marknaden går ner kommer en investerare långsamt att köpa. Kom ihåg att marknader som rör sig uppåt sannolikt kommer att uppleva en korrigering (en kortsiktig nedgång) inom 5 år. Detta följer en enkel logik: Om alla tjänar pengar kan de inte hålla. Detta bevisades 2008 av kraschen på bostadsmarknaden och aktiemarknaden med den. Ekonomin kan inte i all oändlighet tjäna pengar för alla inblandade parter och därför är korrigeringar och krascher nödvändiga. Historiskt sett har dock de amerikanska aktiemarknaderna haft extremt långa tjurmarknader, varav den senaste varade i 11 år. Baserat på detta kommer en smart investerare inte att sälja alla eller ens de flesta av sina innehav under en bra marknad. Pengar som investeras i utdelningsaktier och aktier som köpts på lång sikt bör inte säljas. Aktier stiger bara för att marknaden stiger, och riskfyllda investeringar är bra investeringar att långsamt sälja när en marknad går upp. Till exempel, för varje 10 % som marknaden rör sig uppåt, kan du sälja 5 % av dina innehav och behålla dem i kontanter. Som ett alternativ kan du prova att handla med en del av de pengar som annars hålls i kontanter.

Som nämnts kommer marknaden inte alltid att gå upp. Korrigeringar kan ske. Nedgångar på marknaden bör dock inte ses som dåliga. Istället bör de ses som möjligheter att köpa. Under det senaste decenniet har 32 björnmarknader inträffat på den amerikanska marknaden. De inträffar i genomsnitt vart 3-4 år och varar i genomsnitt drygt 1 år. Kom ihåg att för en långsiktig investerare är 1 år bara en blipp. De flesta marknader återhämtar sig snabbt från nedgångar och stiger till ännu högre höjder. Baserat på detta kommer en smart investerare att köpa när marknaden går ner. Till exempel, för varje 5% går marknaden ner; Investera 10 % av din portfölj (eller 10 % av dina kontanter). Eftersom korrigeringar i genomsnitt minskar 13 % av en marknads värde, kan en ettårig lågkonjuktur som återhämtar sig under en tvåårsperiod resultera i att 20 % av en portfölj gör 20 % större vinster.

Förstå ekonomin

Det är viktigt att förstå bra aktier och dåliga aktier att köpa under en viss ekonomisk period. Under ekonomiska nedgångar är aktier som säljer nödvändigheter som toalettpapper, kläder, medicinska förnödenheter (som plåster) och mat de bästa investeringarna. Aktier som dessa kommer ofta att gå upp under en korrigering. Exempel är Johnson & Johnson (JNJ), ett företag som fokuserar på medicintekniska produkter och läkemedel, Ross Stores (ROST), en lågpriskedja för kläder, och Walmart (WMT), en lågprisbutikskedja.

Under krigstider kan du investera i företag som Lockheed Martin (LMT), General Dynamics (GD) och Northrop Grumman (NOC). Alla dessa företag tillverkar försvarsmateriel och vapen. Under ett krig spenderar regeringar miljarder på kontrakt med företag som dessa.

Under en blomstrande ekonomi, flytta lite pengar till aktier med hög tillväxtpotential. En god ekonomi kan fungera som ett skyddsnät och driva aktier som annars inte skulle prestera lika bra.

Så titta på ekonomin runt omkring dig. Gör lite efterforskningar och ta reda på vilka aktier som kommer att tjäna mest på ditt lands situation. Du kanske till och med vill överväga att investera i internationella aktier om du har gjort din research och kommit fram till att ett internationellt företag är en möjlighet, kanske baserat på landets ekonomiska situation. För att sammanfatta det, var uppmärksam på din omgivning och agera därefter.

Minska förlusterna

En idiotsäker metod för att förhindra att förlora pengar är att ha regler för när man ska sälja en aktie om pengar går förlorade. Till exempel har jag personligen en 10%-regel. Varje gång jag köper en aktie kommer jag att utfärda en obestämd säljorder 10% under det pris jag angav. Om aktien sjunker minskar jag mina förluster med 10%. Tyvärr kan detta trick ibland slå tillbaka. Aktier kan falla med 10 % och sedan återhämta sig till nya toppar. Jag anser dock att 10%-regeln förhindrar fler förluster än de vinster som den skyddar. Om du tror på en aktie och du vet att den är volatil, sätt en säljorder 20 % under eller 30 %. Regler som dessa är helt enkelt bra försiktighetsåtgärder att ha på plats.

Var inte känslosam

Även om detta kanske inte exakt är en strategi, är det en mycket viktig regel att följa. Att investera på grund av kortsiktiga känslor är nästan alltid felaktigt. Handla inte baserat på en artikel, en dag eller en droppe.

Om en känslomässig köpare ser sin favoritaktie sjunka med 10 % kan de flippa ut och sälja. En smart och disciplinerad investerare kommer dock att göra forskningen, upptäcka att nedgången på 10 % inte bör påverka framtida resultat och köpa fler aktier.

Sådana skillnader ökar med tiden. Om du verkligen inte tål volatilitet i en aktie och vet att du är en känslomässig investerare, ändra din totala investering strategi. Investera i aktier som är mindre volatila och motståndskraftiga mot nedgångar. Diversifiera din portfölj för att minska risken för en nedgång i ett segment som påverkar en stor del av din portfölj och ha alltid lite kontanter till hands för att lindra oron. Kom bara ihåg att försöka att inte handla känslomässigt så mycket som möjligt.

Diversifiera

Som nämnts är specifika segment, branscher eller aktier ibland föremål för nedgångar även om hela marknaden inte är det. Baserat på detta är det viktigt att diversifiera din portfölj för att minska risken för att en specifik händelse orsakar en massiv förlust. Till exempel kan en portfölj som endast investeras i bensinstationsföretag ta stora smällar när elbilar blir mer och mer populära. Se till att undersöka sektorns cykel och diversifiera baserat på den informationen. Investera i många olika branscher, i företag av olika storlek och i företag med olika risknivåer. Att diversifiera din portfölj minskar risken över hela linjen och resulterar i en mycket stabilare portfölj.

Priserna spelar ingen roll

En sista läxa att komma ihåg och öva på är att priserna inte spelar någon roll. Alltför ofta köps aktier, eller köps inte, baserat på aktiekursen. Du måste dock förstå att en $10-aktie och en $1000-aktie inte i sig är bättre eller sämre än varandra enbart baserat på pris. Om lika mycket pengar sätts in kommer samma avkastning att genereras. Låt oss till exempel säga att 100 aktier av en $10-aktie köps tillsammans med 1 aktie av en $1000-aktie. Aktien på $1000 kan gå upp $100, medan $10-aktien kan röra sig upp $1. Trots skillnaderna i aktiekurs skulle värdet på de 100 aktierna och 1-aktien då båda vara $1100. Det betyder att priset inte spelar någon roll, bara hur mycket pengar som investeras spelar roll. Faktum är att priset inte betyder något om en aktie i sig och priserna ändras ofta på grund av aktiesplittar. Om du inte har råd med en dyr aktie är det bra, men för aktiekurser som du har råd med, kom ihåg att priset inte betyder någonting. (Rolig fakta: En av Berkshire Hathaways aktier, listad som BRK. A, handlas för närvarande i hundratusentals.)

Handla med det du känner till

En bra tumregel för att göra bra investeringar är att handla med det du känner till och det som finns runt omkring dig. För en tonåring kan detta vara den senaste trenden i skolan. Att upptäcka trender innan de når sitt klimax och investera i företag som skulle dra nytta av trenden kan resultera i några bra val. Var uppmärksam på nya produkter och idéer runt omkring dig hela tiden, till exempel på ett jobb, hemma, i ett köpcentrum eller online. Använd dina specifika färdigheter och kunskaper för att identifiera potentiella investeringar. Om du älskar spel och har hört att ett nytt spel kommer att förändra spellandskapet, hitta företaget som skapade spelet. Att handla med det du känner till och fånga trender innan de slår igenom kan ge stora vinster. Som tidigare nämnts exemplifieras detta koncept ytterligare i Peter Lynchs bok *One Up On Wall Street*.

Köp skadade aktier, inte skadade företag

Skillnaden mellan en skadad aktie och ett skadat företag (kredit till *The Street*) är skillnaden mellan att tjäna och förlora pengar och det är avgörande för att förstå skillnaden. Skadade företag är företag som har drabbats av en långvarig träff på sina intäkter, rykte eller produkter och som kommer att ta år att återhämta sig. Skadade aktier är aktier som föll på grund av en händelse som orsakade en kortsiktig påverkan eller till och med på grund av något helt orelaterat till företaget. Till exempel spred Chipotle en gång omedvetet ett virus genom sin mat. Detta gjorde att deras lager drabbades hårt och förstörde deras rykte och försäljning. Vid den tiden skulle Chipotle vara ett skadat företag och inte en bra investering. Men föreställ dig att en kändis beställde Chipotle och fick en allergisk reaktion. Den kändisen fortsatte att attackera företaget på sociala medier, vilket resulterade i en minskning av aktiekursen med 10%. I den här situationen, eftersom den allergiska reaktionen inte innebär några problem med företaget, skulle Chipotle vara en skadad aktie och därför en bra potentiell investering. Använd denna tumregel för att avgöra om problem som påverkar ett företag gör det till en potentiell investering.

Nej skulle ha, borde, kunde ha

Denna regel, där Jim Cramer och The Street återigen får äran, ger ett tips om hur man håller sig frisk på marknaden. Som regel ska du hålla dig borta från att någonsin säga skulle ha, borde ha eller kunde ha. Eftersom så många aktier handlas på marknaden kommer du alltid att höra om fantastiska marknadsrörelser och aktier som gick upp 30 %

på en dag eller 500 % på ett år. Du kan sälja en aktie som fortsatte att stiga med 100% under nästa månad. Du kan köpa en aktie som går ner 50% veckan efter att du köpt den. Vad som än händer, säg aldrig "Jag borde ha sålt den..." eller "Om jag bara höll ut..." Att göra dessa saker leder till ett destruktivt och självsaboterande tankesätt. Förstå att affärer finns överallt och att misstag kommer att göras. Häng bara med på resan och se dig inte om.

Skriv nu två eller tre av dina favoritidéer och regler från listan ovan som gjorde störst intryck på dig så att du aldrig glömmer dem och enkelt kan återkomma till dem:

Del V: I praktiken

Den första delen av del 5 innehåller både lyckade och misslyckade verkliga exempel på börsaffärer som jag har gjort som tonåring. I det här avsnittet bör du se till att notera både vad som fungerade och vad som inte fungerade. Alla diagram är på ett 1-årigt tidsspann om inget annat anges. Så, först och främst: exempel från verkliga livet.

Äpple (AAPL)

Apple, teknikföretaget som vi alla känner till och älskar, gick in i några av sina bästa år 2018. Jag valde detta bolag att investera i baserat på flera faktorer. För det första hade företaget starka fundamenta, starka resultat och starka analytikerprognoser. Jag märkte också att produkter som AirPods slog igenom i skolan jag gick på. Jag kände att företaget var undervärderat och köpte in sig på $160. Ungefär ett år senare började jag sälja min position för 280 dollar och senare för 360 dollar. Jag har fortfarande hälften av den ursprungliga investeringen vid tidpunkten för denna publikation. Den här aktien var en vinnare för mig eftersom noggrann forskning visade ett undervärderat företag och är en påminnelse om att stora företag, även biljondollarföretag, fortfarande kan ha enorm tillväxt på kort tid. Uppdatering 1 år (2021): Apple genomförde en aktiesplit på 4-1 och jag behåller en vinst på 200 %.

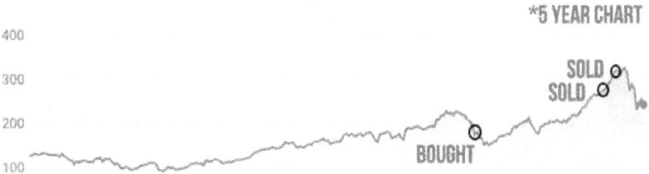

Fortress Biotech (FBIO)

Fortress Biotech är ett litet bioteknikföretag som identifierar och utvecklar bioteknik och farmaceutiska produkter. När jag köpte den hade Fortress Biotech en pipeline (vilket betyder produkter under utveckling) fylld med mycket lovande läkemedel. Jag såg potentialen och köpte in mig på $1,80 och $1,90. Även om jag normalt inte investerar i aktier så här billigt, växte FBIO stadigt och verkade vara i en stark position, till skillnad från många av sina frimärksaktier. Mindre än tre månader efter köpet sålde jag mina aktier för 2,45 USD, vilket motsvarar en vinst på mer än 30%. Dessutom var den enda anledningen till att jag sålde min position som förberedelse för den coronavirus-orsakade marknadskraschen 2020. Strax därefter drabbades den volatila aktien hårt och föll till 1,10 dollar. Tänk dock på regeln: Köp skadade aktier, inte skadade företag. FBIO förlorade mer än 50% på grund av en krasch vars huvudorsaker inte hade någon inverkan på deras långsiktiga verksamhet. Därför köpte jag en ännu större position än jag ursprungligen ägde för $1,10. I skrivande stund stänger FBIO på $4,00, vilket är mer än en vinst på 385% jämfört med den ursprungliga ingångspunkten. Från och med den här andra uppdateringen har jag sedan dess sålt hela min position med en vinst på 400 %.

Tandemdiabetesvård (TNDM)

Tandem, ett litet hälsovårdsföretag som fokuserar på att utveckla diabetesbehandlingar, genomgick en massiv ökning under 2018 och 2019. Aktien gick från 50 cent till nästan 50 dollar, en ökning med 1000%, på drygt ett år. Jag gillade företaget och jag ville komma in på hypen kring det, så jag etablerade en position på

$45. Två månader senare hade den inte gjort något annat än att falla och jag sålde hela min position för 33 dollar. Tandem blev min värsta förlust hittills. Både köpet och försäljningen gjordes känslomässigt och utan forskning, något som alltid gör att affärer misslyckas. Efter min försäljning klättrade företaget till $70 och passerade $80 strax efter. Kom ihåg att intelligent handel görs utan känslor och istället med noggrann forskning.

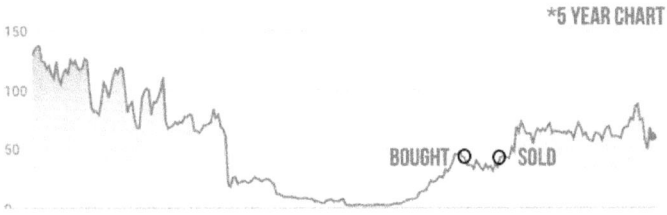

Netflix (NFLX)

Netflix, det strömmande medie- och innehållsproduktionsföretaget som förändrade underhållningsindustrin, njöt av år av dominans och fritt tygel i streamingbranschen under början av 2010-

talet. Vid den tiden hade jag arbetat hårt och var redo för min första handel på flera tusen dollar. Med hjälp av koncept som exemplifieras i *One Up On Wall Street* *behövde jag bara se mig omkring för att identifiera en potentiell* *investering. Jag behövde inte leta länge för att se att Netflix höll* *på att bli en stapelvara i hushållen och att de släppte hit efter* *hit, inklusive den nyligen släppta Stranger Things*. Min familj började använda plattformen för att titta på filmer och forskning stödde min syn på Netflix som ett företag med enorm potential och starka fundamenta. Baserat på detta köpte jag in mig på $180 och igen på $190. Jag började handla ur min position ett och ett halvt år senare, till $323 respektive $363. Denna rika belöning på så kort tid är ett resultat av handel med det jag visste. Att använda det som finns runt omkring dig, oavsett om det är en ny trendig produkt eller en snabbmatskedja som alla pratar om, är ett bra sätt att hitta potentiellt lukrativa investeringar.

Proofpoint (PFPT)

Proofpoint var ett exempel på en lat handel, gjord baserat på nyheter och inte forskning. När jag köpte den hade jag hört en god nyhet om den på en investeringsmässa och företagets utseende tilltalade mig. Utan forskning och ingen strategi köpte jag den för 118 dollar. Jag fick vad jag förtjänade, och även om jag lyckades sälja innan kollapsen till 80 dollar, tog jag en förlust på 20 % (detta var före min 10 % stop loss-regel) på drygt en månad på en aktie som jag inte borde ha köpt från början. Kom ihåg att alltid göra din hemläxa och hitta flera vyer innan du handlar baserat på nyheter. Som en andra lärdom, att hålla fast vid en investering du är nere på (på en tjurmarknad) kommer sannolikt att radera förluster om du håller fast vid den tillräckligt länge.

Take-Two Interactive (TTWO)

Take-Two Interactive är ett videospelsföretag som ansvarar för stora hits inklusive Grand Theft Auto, NBA 2k, WWE 2k, Civilization, Red Dead Redemption, Borderlands och Bioshock. I februari 2020 rapporterade Take-Two Interactive ett resultat som orsakade en minskning av aktiekursen med mer än 10%. TTWO har en lång historia av att slå prognosen och krossa förväntningarna, så när kvartalsresultatet bara uppfyllde förväntningarna, istället för att överträffa dem, sjönk aktien.

Prestationen berodde delvis på en misslyckad spellansering och nyheten att NBA 2k inte skulle få ett rekordår, två faktorer som inte skulle påverka den långsiktiga potentialen. Ledningsgruppen på Take-Two Interactive tog ansvar för problemen och lovade att förbättra sig. Detta är ett exempel på en skadad aktie istället för ett skadat företag. Men eftersom COVD-19-pandemin nästan omedelbart efter att ha köpt in sig i denna aktie utlöste en börskrasch och drog ner hela marknaden, är detta också ett exempel på hur timing kan göra eller bryta en handel oavsett om den handeln annars skulle ha varit framgångsrik. Eftersom jag ännu inte var uppe 10% på min investering skulle jag normalt ha sålt, men i det här fallet sålde jag inte på grund av

till regeln "köp skadade aktier, inte skadade företag". Baserat på detta fortsätter jag att hålla aktien (uppdatering 2021: Jag har sedan dess sålt med en vinst på 60 %).

Uppdatering av 2:a upplagan

Detta är en uppdatering från juni 2021, mer än 1 år efter att den här boken ursprungligen publicerades. Det har varit ett galet år (Covid!) och, åtminstone på marknaden, ett fantastiskt år. Här är mina största vinnare och största förlorare sedan 1:a upplagan:

Vinnare

- Tesla (Tesla): 500% gay
- CGE Energy (CGEI): 140 % vinst
- Planet 13 (PLNF): 106 % vinst
- Ford (F): 75 % vinst

Förlorare

- The Lion Electric Company (LEV): 43% förlust
- Coinbase (COIN): 29% förlust
- CytoDyn (CYDY): 19 % förlust

Alan, 2021

Uppdatering av 3:e upplagan

Detta är en uppdatering från den tredje upplagan av boken i slutet av 2022. Jag tar tillfället i akt att notera vikten av makroekonomisk kunskap; Det här året har präglats av politisk och ekonomisk volatilitet som sträcker sig från skenande inflation och krig i Ukraina till Covid-oroligheter i Kina och aldrig tidigare skådade förändringar på energimarknaden. Mer än någonsin påverkas aktiemarknaden och alla investeringsmarknader av globala händelser. Som investerare kan detta tjäna dig – ansträng dig för att utbilda dig själv om världen i stort och ha de makroekonomiska, politiska och sociala miljöerna i åtanke när du fattar långsiktiga investeringsbeslut.

Som alltid – du fixar det här.

Alan, 2022

Från experterna

Som en del av det verkliga avsnittet kommer vi att undersöka visdomen hos världens främsta investerare. Kom ihåg att lärande är det bästa du kan göra för att säkerställa framtida framgång, särskilt på aktiemarknaden. Att lära sig av de bästa kommer att göra dig till en smart och bättre investerare. Ta dig tid att leta efter mönster i filosofierna medan du läser.

Warren Buffet

- *"Den bästa investeringen du kan göra är en investering i dig själv. Ju mer du lär dig, desto mer tjänar du."*
- *"Var rädd när andra är giriga och girig när andra är rädda."*
- *"Vår favoritinnehavsperiod är för evigt.*

Investeringsfilosofi: Warren Buffett, allmänt ansedd som den mest framgångsrika investeraren genom tiderna, predikar att investera i värde och innehav under långa perioder eller tills aktiekursen återspeglar det verkliga värdet på ett företag. Buffets företag, Berkshire Hathaway, förvaltar för närvarande hundratals miljarder dollar och har i genomsnitt haft en avkastning på 20 % sedan 1965.

Fun Fact: Warren Buffet beskrev Benjamin Grahams bok *The Intelligent Investor* som "den överlägset bästa boken om investeringar som någonsin skrivits."

Benjamin Graham

- *"Den intelligenta investeraren är en realist som säljer till optimister och köper från pessimister."*

- *"Att investera handlar inte om att slå andra i deras spel. Det handlar om att kontrollera sig själv i sitt spel."*

- *"Framgångsrika investeringar handlar om att hantera risker, inte att undvika dem."*

Investeringsfilosofi: Sedan Benjamin Graham var mentor för Warren Buffet, paret har en mycket liknande filosofi. Grahams handelsfilosofi kallas nu Benjamin-metoden och bygger på värdeinvesteringar. Faktum är att Graham krediteras som gudfadern till värdeinvesteringar och populariserade det under början av 1930-talet. Under sin professionella handelskarriär hade Graham i genomsnitt en avkastning på mer än 20 % medan marknaden i genomsnitt hade en avkastning på 12 %.

Rolig fakta: Benjamin Graham undervisade personligen Warren Buffet medan Buffet studerade vid Columbia University. Graham influerade Buffet så mycket att Warren Buffets första son heter Howard Graham Buffet.

Seth Klarman

- *"Den enskilt största fördelen en investerare kan ha är en långsiktig inriktning."*
- *"Att investera är inriktningen på ekonomi och psykologi."*
- *"Aktiemarknaden är berättelsen om cykler och om det mänskliga beteende som är ansvarigt för överreaktioner i båda riktningarna."*

Investeringsfilosofi: Seth Klarman är en värdeinvesterare som fokuserar på risk, eller bristen på risk. Han sätter riskanalys i framkant av sin strategi och investerar inte utan fullständig säkerhet om att en total förlust inte kommer att inträffa. För närvarande har Klarman ett nettovärde på 1.5 miljarder dollar.

Rolig fakta: En bok som inte längre finns på förlaget skriven av Seth Klarman och som heter *Margin Of Safety* var så eftertraktad att begagnade exemplar en gång såldes för 2 500 dollar. Sedan, 2018, gjordes den tillgänglig i Amazons Kindle-butik för 9,99 dollar.

Sir John Templeton

- *"De 4 farligaste orden när det gäller investeringar är "Den här gången är det annorlunda."*
- *"Tjurmarknader föds på pessimism, växer på skepticism, mognar på optimism och dör på eufori."*
- *"Tiden för maximal pessimism är den bästa tiden att köpa, och tiden för maximal optimism är den bästa tiden att sälja."*

Investeringsfilosofi: John Templeton följde den enkla investeringsstrategin "köp lågt, sälj högt". Han återuppfann värdeinvesteringar genom att ta det "till en extrem nivå, genom att välja nationer, industrier och företag som nått botten, vad han kallade 'punkter med maximal pessimism'." Denna strategi gjorde honom till en legend och gav honom titeln "utan tvekan århundradets största globala aktieväljare" av *Money* Magazine. År 1992 hade Templetons fond mer än 13 miljarder dollar i tillgångar, motsvarande 24,4 miljarder dollar i dagens värde.

Rolig fakta: När andra världskriget bröt ut 1939 lånade Templeton pengar och köpte mer än 100 företag, varav 34 var i konkurs. Resultatet? En uppskattad avkastning på 400% inom 5 år.

Thomas Rowe Price, Jr.

- *"Förändring är investerarens enda säkerhet."*
- *"Om du håller dig halvalert kan du välja de spektakulära artisterna direkt från din arbetsplats eller utanför det lokala köpcentret, och långt innan Wall Street upptäcker dem."*
- *"Ingen kan se 3 år framåt, än mindre 5 eller 10 år. Konkurrens, nya uppfinningar - allt möjligt - kan förändra situationen på 12 månader."*

Investeringsfilosofi: T. Rowe Price blev berömd för sin "Growth Stock Investing Philosophy" för investeringar. Han köpte nya företag i tidiga tillväxtstadier, vilket gjorde det till en standardpraxis att intervjua ett företags ledning innan köp.

Rolig fakta: Innan han blev investerare var Thomas Rowe Price, Jr. inställd på att bli kemist.

Bill Ackman

- *"För att bli framgångsrik måste du se till att det inte spelar någon roll för dig att bli avvisad."*
- *"Att investera är en bransch där du kan se väldigt dum ut under lång tid tills du har rätt."*
- *"Erfarenhet är att göra misstag och lära sig av dem."*

Investeringsfilosofi: Bill Ackman, till skillnad från de andra investerarna på den här listan, lade till en proaktiv twist till värdeinvesteringar. När han köper företag som han anser är underprissatta driver han på för förändring i företaget. Han kan göra detta eftersom han köper enorma mängder aktier tills han äger tillräckligt för att han ska vara inflytelserik och viktig för företaget. Som ett resultat av detta har Ackmans portfölj i genomsnitt ökat med mer än 30 % under 5 av de senaste 16 åren.

Roliga fakta: Bill Ackman förutspådde finanskrisen 2008, en bedrift som sparade honom miljoner och lanserade hans status som en legendarisk investerare.

Bill Miller

- *"Visshet hör hemma i matematiken, inte i marknaden."*
- *"Vi försöker köpa företag som handlas med stora rabatter till inneboende värde. Det som är annorlunda är att vi kommer att leta efter det värdet överallt där vi kan."*
- *"Om folk köper saker som de inte har analyserat ... Det är inte troligt att det kommer att sluta bra."*

Investeringsfilosofi: Bill Miller, betraktad som ett investeringsgeni såväl som en av de bästa fondförvaltarna genom tiderna, har några regler som håller honom i grönt. Han försöker inte förutsäga vart marknaden är på väg och letar istället efter franchisevärde. Han letar efter nya idéer och investeringar överallt, men han handlar inte ofta. Resultatet? Millers företag, som heter Miller Value Partners, redovisade en nettoavkastning på 119,5 % 2019

Rolig fakta: Under 2010-talet ägde Millers företag en gång 12 % av Facebook, 8 % av Amazon och nästan 30 % av Avon.

John Neff

- *"Jag vill inte ha en massa bra investeringar; Jag vill ha några enastående."*
- *"Framgångsrika aktier talar inte om för dig när du ska sälja. När du känner för att skryta är det förmodligen dags att sälja."*
- *– Det är inte alltid lätt att göra det som inte är populärt, men det är där man tjänar sina pengar. Köp aktier som ser dåliga ut för mindre försiktiga investerare och häng kvar tills deras verkliga värde erkänns."*

Investeringsfilosofi: John Neff hade en enkel strategi: han tror på portföljkoncentration i motsats till diversifiering och väljer aktier med ett lågt P/E-tal i blomstrande branscher. Fonden Neff sprang gav i genomsnitt en avkastning på nästan 14 % under 30 års investeringar.

Rolig fakta: Neff ansåg att de flesta människor borde investera 70% - 80% av sina tillgångar i aktier, och att det mesta av dessa pengar placerades i, som nämnts ovan, bra företag med låga P/E-tal.

Jesse Livermore

- *"Pengar tjänas genom att sitta, inte genom att handla."*
- *"De goda spekulanterna väntar alltid och har tålamod och väntar på att marknaden ska bekräfta deras bedömning."*
- *"Män (författarnas anmärkning: och kvinnor) som både kan ha rätt och sitta still är ovanliga."*

Investeringsfilosofi: Jesse Livermore, som av många anses vara den mest kända aktiehandlaren genom tiderna, var en trendhandlare. Han skulle köpa starka och lönsamma aktier under tjurmarknader och skulle blanka svaga och förlorande aktier under björnmarknader. Liksom John Neff lutade Livermore åt portföljkoncentration i motsats till diversifiering. Han köpte det bästa av det bästa och kortade det sämsta av det värsta, oavsett vilken diversifiering strategin ledde till. Som ett resultat tjänade Jesse Livermore (i dagens motsvarighet) mer än 1 miljard dollar.

Rolig fakta: Boken *Reminiscences of a Stock Operator* av Edwin Lefevre är en fiktiv redogörelse för Livermores uppgång till aktiehandlareliten. Trots att boken publicerades 1923 finns den fortfarande i tryck. Det är en av de mest kända böckerna om aktiehandel och för att citera William O'Neil (grundaren av Investor's Business Daily): "Under mina 45 års erfarenhet i den här branschen har jag bara hittat 10 eller 12 böcker som var av verkligt värde - *Reminiscences* är en av dem."

Peter Lynch

- *"Investera aldrig i någon idé som du inte kan illustrera med en krita."*

- *"Vet vad du äger och vet varför du äger det."*
- *– Man behöver inte vara raketforskare. Att investera är inte ett spel där killen med 160 i IQ slår killen med 130 i IQ."*

Investeringsfilosofi: Peter Lynch, en investeringslegend och författare till en bok som mäter dess försäljning i miljoner, har en unik uppsättning övertygelser om aktiehandel. Han anser att den enskilda investeraren har en fördel jämfört med professionella handlare eftersom den enskilda investeraren har förmågan att agera snabbt, inte hålls tillbaka av juridiska medel och har så kallad "lokal kännedom". Begreppet "Trade what you know", som tidigare nämnts i denna bok, är till stor del baserat på Lynchs koncept. Under sin tid som chef för Fidelity Magellan hade han i genomsnitt en avkastning på 29,2 % och ökade företagets tillgångar från 20 miljoner dollar till 14 miljarder dollar på 13 år.

Rolig fakta: Lynchs bästa investering kom från att interagera med företag innan dessa företag blev stora aktier. Lynch var till exempel en gång på en resa till

Kalifornien när han råkade äta en riktigt god burrito. Som ett resultat tjänade han miljoner på att investera i Taco Bell. Sedan sin pensionering har Lynch fokuserat på humanitära insatser och betraktat dem som en annan form av investering. Du kan besöka hans välgörenhetsorganisation på thelynchfoundation.com.

John C. "Jack" Bogle

- *"Lär dig varje dag, men framför allt av andras erfarenheter. Det är billigare!"*
- *"Tiden är din vän; impulsen är din fiende."*
- *"Om du har problem med att föreställa dig en förlust på 20 % på aktiemarknaden bör du inte vara i aktier."*

Investeringsfilosofi: Jack Bogle, grundare av Vanguard Group Inc., beskrev 8 regler som sammanfattar hans investeringsfilosofi i sin bok *Common Sense on Mutual Funds: New Imperatives for the Intelligent Investor*.

1. Välj lågkostnadsfonder

2. Överväg noga de extra kostnaderna för rådgivning
3. Överskatta inte tidigare fondresultat
4. Använd tidigare resultat som ett verktyg för att fastställa risk
5. Akta dig för stjärnor (stjärnor betyder fondförvaltare)
6. Akta dig för tillgångsstorlek (stora fonder)
7. Äg bara ett fåtal fonder
8. Köp och behåll

Rolig fakta: Hans investeringsförvaltningsbolag, kallat The Vanguard Group, har 5.6 biljoner dollar i tillgångar från och med 2019. Ja, det är $5 600 000 000 000 i tillgångar.

Om det intresserar dig, se till att lära dig mer om de fascinerande liven för några av historiens största handlare. Ta nu en minut för att skriva ner en person som fastnade för dig, en idé som fastnade hos dig eller något annat du vill komma ihåg:

Slutsats: Du klarade det!

Grattis. Du har färdigställt den här boken och att exponeras för denna information i tidig ålder sätter dig i en mycket stark position. Du har möjlighet att tjäna mer pengar än du eller dina föräldrar någonsin har drömt om så länge du lägger ner tid och arbete. Genom hela den här boken har du introducerats till att tjäna pengar, spara pengar, aktiemarknadskunskap, aktiemarknadsstrategi och visdomen hos de bästa investerarna genom tiderna. Men även om den här boken kanske tar slut, har din resa som investerare bara börjat. Från och med nu är det upp till dig.

Lycka till.

Del VI: Resurser

Det här avsnittet kommer att innehålla en databas med de bästa (inte alla av de bästa; ny information släpps hela tiden) aktierelaterade webbplatser, böcker, TV-program, YouTube-kanaler och podcasts.

Webbplatser

- Investopedia.com
- Corporatefinanceinstitute.com
- Tradingview.com
- Stockrover.com
- Trendspider.com
- Metastock.com
- Yahoofinance.com
- stockchart.com
- Demotliphol.com
- Metastock.com
- Morningstar.com
- Bloomberg.com
- Alphavantage.com
- Thewallstreetjournal.com
- Seakingp.com
- Zachs.com

Böcker

Kontrollera ditt bibliotek innan du köper!

1. *One Up On Wall Street* av Peter Lynch (En personlig favorit hos mig)

2. *Bli rik försiktigt* av Jim Cramer

3. *Mad Money: Titta på TV, bli rik* av Jim Cramer

4. *Håll dig galen för livet: Bli rik, håll dig rik (gör dina barn ännu rikare)* av Jim Cramer

5. *Att komma tillbaka till Even* av Jim Cramer

6. *Riktiga pengar: Sane Investing in an Insane World* av Jim Cramer

7. *Confessions of a Street Addict* av Jim Cramer (Den här boken är bra och informativ ur ett narrativt perspektiv)

8. *Det bästa investeringsrådet jag någonsin fått: Ovärderlig visdom från Warren Buffett, Jim Cramer och andra finansiella experter* av Liz Claman

9. *Du har kört! Varför Wall Street sjönk och hur du kan blomstra genom* att
Jim Cramer
10. *Pit Bull: Lärdomar från Wall Streets Champion Trader* av Martin "Buzzy" Schwartz

11. *Den dagliga handelscoachen: 101 lektioner för att bli din egen handelspsykolog* av Brett N. Steenbarger

12. *Hur jag tjänade 2 miljoner dollar på aktiemarknaden: Darvas-systemet för aktiemarknadsvinster* av Nicholas Darvas

13. *Trendföljande: Lär dig att tjäna miljoner på upp- eller nedgångsmarknader* av Michael W. Covel

14. *Den intelligenta investeraren: Den definitiva boken om värdeinvesteringar* av
Benjamin Graham

15. *Reminiscenser av en aktieoperatör* av Edwin Lefèvre

16. *Den automatiska miljonären* av David Bach

17. *Den förmögne barberaren* av David Chilton

18. *Mannen som slog S&P: Investera med Bill Miller* av Janet Lowe

19. *Rich Dad Poor Dad* (En klassisk bok som har sålts i mer än 32 miljoner exemplar)

20. *Visdom från Rich Dad, Poor Dad for Teens: Hemligheterna om pengar - Att du inte lär dig i skolan!*

21. *Rik pappa fattig pappa: Vad de rika lär sina barn om pengar - Att de fattiga och medelklassen inte gör!*

22. *Rich Kid Smart Kid: Ge ditt barn ett ekonomiskt försprång*

23. *Rika pappor ökar din ekonomiska IQ: Bli smartare med dina pengar*

24. *Rich Dad's CASHFLOW Quadrant: Rich Dad's Guide to Financial Frihet*

25. *Rik pappa fattig pappa: Vad de rika lär sina barn om pengar - Att de fattiga och medelklassen inte gör!*

26. *Rich Dad's Guide to Investing: Vad de rika investerar i, som de fattiga och medelklassen inte gör!*

TV-program

1. Mad Money™ från Jim Cramer (den här showen är bra för en yngre publik eftersom den är något mer underhållande än de andra på den här listan).

2. Dina pengar™ från CNN

3. Squawk Box™ från CNBC

4. Money Matters™ *från RLTV*

YouTube-kanaler

Finansiell utbildning -
https://www.youtube.com/financialeducation

Finansiell utbildning 2
Hattapus://vv.youtube.com/channel/ukkamj9sakfuyaogagedR

Investeringar på aktiemarknaden
Hatps://vv.youtube.com/channel/UC56luxfvzrp6d4skanpi_soQ

E*HANDEL
youtube.com/etrade

Lär dig att investera
youtube.com/learntoinvest

The Monk Way - Stock Market Videos
youtube.com/themonkway

Poddsändningar

- Stapla Benjamins
- Investera som de bästa
- Pengar till oss andra
- Pengar till oss andra
- Investeringsinsikter från Morningstar
- Investeraren på högskolan
- Investera som en chef
- InvestTalk (på engelska)
- Stapla Benjamins
- Podcast om att prata om rikedom
- Podcasten Investerare
- Sunda investeringar
- Investera som de bästa
- Den Meb Faber Show
- Bäst i rikedom podcast
- InPenny-aktien
- Så pengar
- InvestED-podcast
- Vi studerar miljardärer
- Podcasten BiggerPockets Money

Appar för återförsäljning

- Nextdoor (på engelska)
- Låt oss
- Erbjudande
- 5 mil
- VarageSale
- Craigslist
- StockX • Get
- Graalerad

www.ingramcontent.com/pod-product-compliance
Lightning Source LLC
LaVergne TN
LVHW010333070526
838199LV00065B/5735